AF416968

CHAMALÚ
PEDAGOGÍA REBELDE

Pedagogía Rebelde

Manual del Educador Consciente

CHAMALÚ

©2017, Luis Ernesto Espinoza

DIAGRAMACIÓN Y DISEÑO

Zulma Rocha Flores

CORRECCIÓN

Claudia Olivera Méndez

DISEÑO DE PORTADA

Zulma Rocha Flores

Claudia Olivera Méndez

PRIMERA EDICIÓN

Este libro podrá ser reproducido

solicitando permiso escrito al autor.

DEPÓSITO LEGAL:

2-1-1671-17

ISBN: 978-99974-72-98-4

DERECHOS RESERVADOS

EDITORIAL

E-mail: info@chamalu.com

info@janajpacha.com

MOVIMIENTO INTERNACIONAL

PEDAGOGÍA REBELDE

Comunidad Virtual de Educadores

Es una iniciativa surgida en Bolivia que reúne de manera libre a un conjunto de educadores y educadoras a nivel internacional que actúan localmente en sus respectivos países, repensando creativamente la educación, intercambiando conocimientos y experiencias online, confluyendo en encuentros presenciales anuales, en JANAJPACHA, Comunidad Ecológica y Escuela para Aprender a Vivir, situada en Bolivia.

Se trata de impulsar juntos una ESCUELA INVISIBLE que nos permita preparar desde ahora una nueva generación de estudiantes críticos, lúcidos, creativos y felices, preparados integralmente para construir un mundo nuevo.

Los interesados en recibir información sobre este proyecto, pueden escribir a: info@chamalu.com

www.janajpacha.com

Dedicado a mi hija Wayra, con quien compartimos el sueño de un mundo nuevo.

INSTRUCCIONES PARA NO TOMAR EN CUENTA

Imagínate que acaba de llegar a tus manos un puñado casi amarillento de antiguas cartas, una para cada semana del año, que contienen en su interior un conjunto de mensajes, ideas, claves y secretos que fueron cuidadosamente evitados en la formación convencional del educador. Desata tu curiosidad y desarrolla este contenido en lecturas grupales -lo más importante va entre líneas- reservado para quienes despliegan su atención desde el detalle y el instante intensamente vivido. El ejercicio siguiente, en un contexto de reforestar consciencias, es atreverse a sembrar estas semillas en el jardín de tu corazón. Como efecto colateral, tus estudiantes recogerán frutos inéditos que les hablarán del sabor del saber.

Bienvenidas y bienvenidos, esto, en el fondo, es un viaje de aprendizaje a la vida en su versión plena.

EL AUTOR

PRÓLOGO

Fluir por las entrañas de la escuela de hoy, en los preludios del siglo XXI, conlleva encontrarse con dos palabras infaltables en cualquier discurso que tenga que ver con esta: Educación y Pedagogía, terminologías que a su vez son el alma, el sentido y el ser de este espacio de aprendizajes y enseñanzas.

Los inicios de la educación son tan antiguos como la misma humanidad, nació de manera natural y espontánea, favorecida por la necesidad de la humanización de las comunidades primitivas y desde estos comienzos viene a la par con el desarrollo de las sociedades, que en el transcurso de su proceso evolutivo se encontraron con el imperioso requerimiento -en su modo de vida nómada- de transmitir sus saberes básicos, saberes que al practicarse rutinariamente, probablemente sin intención, se convirtieron en los inicios de la actual pedagogía, a través de usos, hábitos y costumbres que luego con el paso al modo de vida sedentario derivaron en conocimientos y culturas, que a su vez han determinado y caracterizado las sociedades en el transcurso de las diferentes épocas históricas de la humanidad.

Esta complejización de los estilos de vida de las sociedades implicó que la educación tuviese una intencionalidad sistemática, proyectada consecuente a sus factores culturales, sociales, económicos y políticos. Dado que los tiempos y los espacios permanentemente están cambiando, y esto sobrelleva a la transformación de las sociedades exigiendo cambios en los diferentes escenarios de formación y desarrollo de los seres humanos, entre ellos, el entorno educativo, por la inaplazable necesidad de la adaptación de las personas a las sociedades en que les corresponde vivir, situación que no se hace evidente en este presente.

Si se tiene la educación como el pilar o el motor para el desarrollo de los pueblos llamados civilizados, se podría llegar a pensar que la educación en la actualidad se halla en profunda crisis; el alto grado de civilización está conduciendo a la humanidad al borde del precipicio.

Si se tienen, presuntamente, sistemas educativos analizados, estudiados, estandarizados, organizados y técnicamente establecidos por expertos poseedores y dueños de la verdad, verdad que los ha autorizado transformar las escuelas en fábricas que homogenizan y producen en serie graduados en los diferentes niveles educativos como cualquier elemento de consumo, y además, convirtiendo los modelos educativos en paradigmas muy bien instalados, inculcados e interiorizados en el inconsciente colectivo, logrando posesionarlos para la repetición y reproducción automática, sin advertir el tipo de seres humanos que se están formando, lo cual no es difícil de evidenciar cuando se observa cuidadosa y detalladamente el estilo de vida caracterizado por la infelicidad y la desesperanza de los estudiantes y los egresados de las instituciones de educación; podría concluirse que la escolaridad está formando personas para un presente vano y un mañana nada promisorio donde les corresponde tomar partido como actores sociales en un mundo caracterizado por el caos, la complejidad, la incertidumbre y un alto grado de imprevisibilidad para el que necesitan imprescindiblemente un equipaje diferente al brindado por la educación vigente.

La educación como parte de la política pública del modelo de desarrollo del estado ha traído consigo la deshumanización e infelicidad de las personas, infelicidad que lamentablemente es considerada normal en las sociedades contemporáneas; además, la academia pareciera estar favoreciendo la pérdida de los principios y valores que se trastocan en la corrupción que carcome las conciencias, confinando la existencia de los seres humanos a un mundo simulado y de falsas ilusiones, que se desvanece y se pierde en el conformismo producido por el letargo inducido por las sustancias psicoactivas y el alcohol, dejando un pasado sin huella, un presente infeliz y un futuro incierto y perdido, para una juventud condenada a la extinción por sí misma.

Ante este escenario educativo, incierto por demás, cobra relevancia la frase de George Bernard Shaw: "Mi educación fue muy buena hasta que el colegio me la interrumpió", en otras circunstancias podría pasar como una frase más, sin embargo, un día cualquiera, en un lugar cualquiera, en una escuela cualquiera de este presente, encontramos niños y niñas que eran felices hasta que se les envió a la escuela, suficiente motivo para despertar y salir del escenario visible de lo educativo, demasiado iluminado y aprovechar el reflejo de las candilejas al filo del tablado y entre los bastidores del aprendizaje, discurrir por las entrañas veladas de la escuela y, desde allí, ver lo que realmente acontece en este microespacio intencionado para la autocreación de seres humanos; bien vale la pena hacerlo, aun creyendo tener la suficiente claridad sobre los procesos educativos que se ostentan; ya lo dijo Octavio Paz: "La mucha luz es como la mucha sombra: no deja ver la mirada interior" y, en este estado poco luminoso, ya son otras las realidades que claman un sentido diferente de la escuela.

Decidir adentrarse en el lado no iluminado, la parte no visible de la escuela se tropieza con la aridez de humanidad en la academia, hoy ampliamente evidente en los niños y jóvenes, producto de esta escuela reproductora de una sociedad altamente resquebrajada por los intereses mezquinos de unos pocos, como lo diría Chamalú: "el mundo está como está, no por un designio malvado ni por un destino inmodificable, sino porque hay intereses que insisten en ver la humanidad, como un simple mercado". Lamentablemente este estado de cosas favorecido por la escuela, que en el cumplimiento de su función pública ha enseñado desde los inicios de la vida a ver el mundo representado por los docentes, pero para la época, el papel de la realidad que los docentes representan es poco convincente para los aprendices, ¿se está olvidando que los aprendices de hoy son los actores de otro tiempo por devenir?, situación que les impide reconocer su verdad y su mentira, lo real y lo ficticio, la justicia y la injusticia, la bondad y la maldad, la felicidad y la infelicidad, en un espacio donde lo innatural se ha vuelto natural, con intereses e intenciones creados por los falsos magos vendedores de ilusiones y mundos de papel, con los que fortalecen el cimiento de su desenfrenado apoderamiento de los bienes y los disfrutes naturales, aun pretendiendo y creyendo ser dueños y determinadores de la vida y de la misma madre tierra.

Vergonzosa y desafortunadamente, en el escenario de la escuela se recrea por conveniencia de los miserables y sus sórdidos intereses particulares la parcelación del mundo, vivida en los actos escolares con una educación que fragmenta el universo en horarios, niveles, grupos, programas planes, proyectos y asignaturas de contenidos anquilosados entre otros, que solo buscan en la rutina de la cotidianeidad del micromundo escolar consolidar y valorar: más la memoria que la invención, más la repetición que la creación, más la desesperanza que la ilusión, más la apatía que la pasión, más la indecisión que la iniciativa, más la obediencia que la libertad; más el desinterés que la inspiración, tornando la escuela en el lugar donde la pedagogía reduce su esencia creadora a un número o una letra, producto prediseñado como el resultado de un falso juicio de la realidad, que determina el horizonte de la vida de las personas, desdibujando su propósito central que aparta al aprendiz de la curiosidad, la creatividad, la inspiración, la pasión, el juego, el disfrute y la exploración natural que conlleve a crearse a sí mismo, sin interrumpir el fluir de la vida, dando origen a una escuela que en su afán de institución de reclutamiento forzoso con estructuras rígidas de fines ambiguos y jerarquizada, hacen débil la articulación con su entorno próximo y lejano, quedándose sin respuestas para las necesidades de mundo y de existencia de quienes acuden a ella en la época presente, por el contrario favoreciendo la formación de seres infelices, potenciales clientes consumidores del mundo del mercado.

Este escenario de la escuela actual, nos permite saber que estamos a tiempo de soñar otra escuela con otra educación donde las nuevas generaciones aprendan a vivir, acompañándoles con las otras pedagogías: descivilizatorias, decoloniales, insumisas, emancipadoras y libertarias; dispuestas a motivarles, a inspirarles, a estimular la creatividad, la capacidad de asombro y el deseo inagotable de aventura y exploración, a desaparecer los miedos y temores por la equivocación, para aprender de sus propios errores, a provocarles el descubrimiento y liberación de todo el potencial que tienen en sus capacidades y talentos, para que con base en ellos encuentren sus pasiones para trazar el rumbo y norte de lo que vino a hacer y ser en el mundo. Otra pedagogía para la autocreación como seres humanos felices e imperturbables ante la adversidad, que a diferencia de los animales al nacer, su creación ya se encuentra lo más concluida posible, por el contrario el ser "humano", nace como proyecto viviente inconcluso, que debe continuar creándose con una actitud amorosa por sí mismo, creación, que le va a validar ser él mismo, eligiendo siempre desde el discernimiento y la lucidez, lo mejor de sí, pensándose libre, feliz y amoroso, condición que le avala para ir de viaje por la vida llevando el equipaje de la paz, que siempre lo situara en el lugar preciso con la actitud adecuada, haciendo lo que tiene que hacer y ser en su existencia.

Otra pedagogía donde los niños crezcan creándose como personas que se aceptan y respetan a sí mismas, aceptando y respetando a los otros, en ambientes educativos como escenarios de convivencia, donde los estudiantes y maestros se encuentren, se sientan acogidos y puedan tomar decisiones por sí mismos, con una alta seguridad que podrán aprender lo que necesiten, con un estilo de vida del compartir, desde el placer de estar en relación con los otros a cambio de la competencia y anulación del contrario, en una convivencia donde se den las relaciones con el otro, fundadas en el respeto recíproco y la tolerancia, en medio de la diferencia, la desigualdad y la exclusión, legitimada sin condiciones en la obra de sí mismo, donde se hallen habitantes de una sociedad en la que los seres disfruten del reconocimiento y respeto como un ser válido, a pesar de las diferencias biológicas, fisiológicas, étnicas, sociales, culturales, económicas y por todas las otras que pudiesen surgir en el devenir de los espacios y tiempos de la existencia, apostándole a la vida con optimismo y esperanza de un mundo nuevo.

Otra pedagogía que permita soñar y hacer realidad los sueños, donde el educar sea un acto de infinito amor y valor, demasiado importante, que debe concebirse y hacerse para quien eligió la docencia por vocación como un apostolado, como una doctrina y como una labor alquimia, de quien tiene el enorme privilegio y responsabilidad de la formación de las conciencias de las nuevas generaciones, que en su paso por la escuela están completando su ciclo evolutivo y por supuesto debe ser en las mejores condiciones posibles de formación en la vida y para la vida, como condición ineludible para habitar dignamente este presente y dejar huellas que la historia y el paso de los tiempos respeten para la eternidad.

Otra pedagogía soñada para que otra escuela posible pueda reinventar la educación, refundar la humanidad y rediseñar la existencia, en una frase de la Pedagogía Wayra: "Educar para soñar y despertar para crear, devolverle el sentido a la vida".

Bienvenidos con sus sueños que también cuentan.

Erick Israel Ariza Roncancio

Doctor en Educación

BOGOTÁ, COLOMBIA

CARTA 1

Ref. ¿CÓMO ESTÁ EL MUNDO ACTUAL?

LO QUE NO TE DIJERON Estimado Profesor / Estimada Profesora:

Hace ya mucho tiempo sentí ganas de escribirte y compartir contigo mis íntimas reflexiones. Como humanos debemos estar conscientes que nuestros actos nos persiguen, que la voz vertiginosa de nuestra consciencia, incluso temblorosa, se levanta pidiéndonos despertar del incierto encierro al que fuimos conducidos. Lo cierto es que la estupidez no es necesaria ni tampoco descender hasta lo profundo del abismo de la ignorancia; no eran necesarias tampoco las legiones de adictos, de infelices, de violentos, de vacíos existenciales; no era necesaria la epidemia de infelicidad, la plaga depresiva ni la existencia de cárceles y manicomios.

Un modelo social que deja esos efectos colaterales como consecuencias inevitables de su presencia nos deja pensativos, más aún al constatar que su propuesta educativa se reduce a fabricar los engranajes que requiere la maquinaria industrial y tecnológica de esta civilización.

Quizá no estamos presenciando el fracaso de los sistemas educativos vigentes, sino el colapso de un modelo civilizatorio agotado por antinatural, antiecológico y deshumanizante.

El mundo está cada vez más escolarizado, más educado y, sin embargo, está cada vez peor. Hago una pausa, transcribir estás reflexiones me conmueve profundamente, me acerco a la ventana, es temprano, veo pasar en el cotidiano ritual matutino a niños uniformados, llevando su vida -toda su vida- para depositarla en la escuela. Todo parece normal, algo se consume, nada insinúa detenerlo, lo anormal se empecina en disfrazarse de normalidad, el sentimiento llega hasta la garganta y se detiene, el silencio en este caso es la muerte de la expresión profunda, la disidencia es perseguida, la curiosidad permanece arrinconada; herida de muerte, se sugiere no preguntar demasiado, la duda tiene mala fama, la rutina se muestra saludable, mientras se repite a sí misma. Por la ventana que contemplo continúa pasando la vida, ignorando el ritual destructivo del que participa.

¿La deserción escolar acaso no es posible para los maestros? Me cuestiono, los alumnos no pueden renunciar ni cambiar de actividad, solo desertan, es decir, se lanzan al vacío de una vida sin vida, luego de constatar que la preparación obligatoria no les prepara para un mundo donde las cosas son como son. El alcohol anestesia los dolores del alma, las adicciones son un recurso evasivo. Pero ¿qué está mal? Insisto en preguntarme, la duda me mira pensativa, parece asustada, me muevo por la habitación, me tropiezo con algo, parece un trapo abandonado en el suelo, era mi capacidad de soñar, la humedad proviene de sus lágrimas al sentirse mutilada.

Si cada vez hay más drogadictos, más infelices, más deprimidos, más pandillas, más inseguridad, esta educación no sirve para nada; reacciono cuestionándolo todo, extiendo la cortina, por momentos prefiero no ver la realidad, cierro los ojos y reedito antiguos sueños, sin embargo, mi consciencia me recuerda el deber de estar a la altura del desafío que nos lanza esta época, esta civilización, que nos prefiere adormecidos.

Ese joven, antes de ingresar a la cárcel estaba en un centro educativo -menciona el noticiero matutino-, es probable que volver 'normales' a los niños sea un suicidio; quise dedicarme al silencio, mirar en otra dirección, cerrar los ojos, no obstante, todo ello equivale a hacerle juego al sistema y terminar siendo cómplice de tanta injusticia. El sistema actual está organizado para fabricar zombies consumistas, la lógica de la producción industrial, con su predilección por la fabricación en serie, fue trasladada mecánicamente al ámbito educativo y se dedicó a producir seres conformistas y sumisos, entrenados para obedecer y consumir hasta ser consumidos por lo que consumieron.

¿Podemos continuar aplicando sistemas educativos gestados en el seno de un capitalismo naciente que demandaba en lo fundamental mano de obra capacitada para convertirla en accesorio de la gran maquinaria? La búsqueda incesante de tierra nueva e imaginación fértil está convirtiendo a la educación en una aplanadora que suprime la imaginación, la originalidad y la diversidad, destrucción exigida por sus mecanismos de control de calidad que exigen medir lo cualitativo y, para ello, homogenizar el producto antes de lanzarlo al mercado. La educación convencional no es recomendable para niños, niñas y jóvenes inteligentes, es decir, no es apta para formar seres humanos con lucidez.

No es posible reformar la educación sin cambiar la sociedad. Intento tranquilizarme, cortaron la vida en nombre de la educación y nos piden paciencia. Esto no es el destino. Si la educación no sirve para aprender a vivir, no sirve para nada. Insisto, tenemos que hacer algo, creo que debemos comenzar por poner todo en tela de juicio. ¿Y si ponemos de moda la duda? ¿Te imaginas miles de educadores preguntándose, dudando, buscando encarnar nuevas alternativas formativas y creadoras? Ya sé que nos dirán desde el pesimismo que nada se puede hacer, que todo ya está decidido; es el eco de los intereses invisiblemente interconectados por debajo de lo visible. Estamos presenciando, no el fracaso de un modelo educativo sino de la civilización a la que se debe. Los planes de estudio actuales son buenos para fabricar esos zombies. La mediocridad se entronizó como normal, la estupidez y el conformismo se diseminaron a tal punto que las escuelas admiten sin decirlo que están preparando a los jóvenes para fracasar.

¿Sabías que la educación sirve para reproducir un sistema?, pero ¿qué sistema? Hagamos un rápido inventario: se trata de un sistema traducido en un estilo de vida, en un sistema de creencias y modelos de desarrollo que destruye al único planeta que tenemos para habitar, amenazando la posibilidad de las nuevas generaciones, en especial de los niños y niñas que aún no han nacido de poder habitar en la Tierra. Este modelo social envenena la tierra y los alimentos que produce, porque privilegia el lucro de quienes cultivan sin ética, envenena los ríos, profana los lugares sagrados, devasta los bosques tropicales -vitales fábricas de oxígeno-, reemplazando a la saludable atmósfera por nubes de smog tóxico. Este modelo de sociedad nos induce a comer lo que nos enferma, a trabajar hasta destruirnos, a ocuparnos de cosas secundarias mientras descuidamos lo principal; simultáneamente, destruye las otras formas de vida, rompiendo la cadena trófica y generando la aparición de plagas y súper bacterias a nivel microbiano que minan nuestra calidad inmunológica, dejándonos como clientes fidelizados a un sistema de salud de lucra con nuestro sufrimiento.

¿Qué importa el pensum, los programas educativos, las metodologías de enseñanza, los sistemas de evaluación si descuidamos lo que el estudiante quiere y siente, lo que le está pasando en el día a día? ¿De qué nos sirve tanto estudio y especialización si no conocemos a nuestros aprendices ni sabemos lo que en el fondo les ocurre, si no les preparamos para que se conozcan y puedan tomar buenas decisiones en su vida? ¿Es que acaso no es más barato educarlos que mantenerlos en una cárcel o un centro de rehabilitación? Me enfado, luego me tranquilizo, mi vecino carece de raíz y su esposa no sabe quién es; ¿ego sin identidad? La ignorancia ilustrada tiene las calles tapizadas de diplomas, ya casi nadie se pare a sí mismo como enseñaba Sócrates hace dos milenios y medio. La rebeldía ha sido domesticada, a veces he llegado a pensar que en vano el Sol nace de nuevo cada día.

Sin embargo, no haré concesión al pesimismo, lo admito, soy un empedernido habitador del país del entusiasmo, no importa cuántas malas noticias se entretejan en la penumbra de una impotencia inducida, no importa que las sombras se difundan desde los medios de comunicación convencionales, no importa que aún seamos pocos; educar para la vida es un mandato consciencial, asumir con valor esa responsabilidad es un deber ante el Universo. A veces he sentido una emboscada de infinita soledad, no obstante, ella me presenta el perfil inédito del silencio que cuando me encontró solo me regaló una lluvia de ideas fertilizando mi creatividad.

Hoy, a tiempo de escribirte esta primera carta, quiero proponerte una alianza, un acto de suprema complicidad, esto que vine a decirte no se lo puedo decir a cualquiera. Es preciso que este rumor circule entre nosotros los educadores, los que trabajamos con la consciencia como materia prima, de esto precisamente quiero hablarte en la próxima carta, porque PEDAGOGÍA REBELDE no es un libro, es una caja de herramientas para realizar una auténtica reingeniería existencial, primero en el educador. Un requisito fundamental: tener la mente amplia, el jardín del corazón disponible y el valor intacto.

Rebelarse no es un acto eventual es una actitud ante la vida. Esto no va a quedar así.

Hasta pronto,

CHAMALÚ

"Urgente vivir el presente mientras nos preparamos para el futuro"

"Mi optimismo es crítico"

Ref. LO QUE NO SE DICE DE LA EDUCACIÓN ACTUAL

Estimado Profesor / Estimada Profesora:

En la carta anterior admito haber estado indignado, sin embargo, debemos mantener la calma para preservar la lucidez. He viajado haciendo educación durante más de tres décadas, he recorrido los cinco continentes, más de mil ciudades impartiendo conferencias y seminarios, me consta que las cosas no están bien, pero también estoy convencido que podemos hacer más de lo que creíamos, más aún ahora que disponemos de tecnologías de comunicación al alcance de todos. Te propongo usar lo mismo que utilizan para manipularnos para generar consciencia, te propongo hacer lo que hace el salmón, ir contra corriente, porque ocurre que la mayoría todavía se dirige al abismo del sinsentido y la resignación. Empero, antes de ponerle ladrillos a la nueva escuela que proponemos, quiero terminar de diagnosticar la educación convencional y gradualmente encaminarme, y tú conmigo, si quieres, a la reconstrucción del educador. Te propongo compartir contigo aspectos fundamentales que fueron cuidadosamente descartados de tu formación, ello no fue un lamentable descuido sino parte de una estrategia para preservar una situación que ninguna persona despierta podría soportar. Algunas propuestas serán nuevas, quizá sorprendentes, otras conocidas, pero abordadas desde una óptica distinta. PEDAGOGÍA REBELDE es la antesala de una nueva manera de educar, sin embargo, antes es preciso trabajar con el educador porque la docencia no es una profesión, es un apostolado, un supremo servicio a la Humanidad, también porque en el quehacer educativo el elemento principal es el educador y su preparación para la vida. Ya resulta obvio decir que nadie puede dar lo que no posee.

Releo lo escrito, creo que debemos repensar un poco más la educación vigente, me observo, admito haber tenido el privilegio de conocer mujeres y hombres de sabiduría. En una carta posterior quiero compartirte esa experiencia, quizá debamos ser más rigurosos en nuestra crítica a lo que estamos haciendo en nombre de la educación; el futuro se insinúa sombrío, quizá estemos despojando a la juventud de la etapa más hermosa de su existencia inculcándoles contenidos inservibles para la vida; tal vez estemos interrumpiendo el paraíso en el que vivían los niños. Probablemente tengamos que romper la estructura del aula donde muchos docentes, por la formación y exigencias recibidas, perciben a los estudiantes como cajas para llenar de información.

Afuera hay sol, se acerca el invierno, insistente bajón de temperatura ambiental. Observo pasar al pasado, alguien transita a mi lado arrastrando su vida por el camino de la supervivencia desprovisto de sueños, la rutina y el sinsentido lo corroen desde dentro. Nadie vino a la tierra a sufrir, somos la única especie libre, empero precisamos mantener el nivel vibratorio preciso para conservar la conexión con el Universo. Quien no aprende a vivir complica su paso por la tierra, quien no saluda a la vida desde la ventana de la felicidad da mal ejemplo a las nuevas generaciones, quien es funcionario dedicado a la educación de las nuevas consciencias y no da buen ejemplo ni prepara al alumno para la vida tendría que disculparse del aprendiz que está absorbiendo su mal modelo. Vivir es cuestión de coherencia y enfoque energético, el resto deambula con la mirada desenfocada y la energía dispersa.

Te invito a que despleguemos una mirada crítica a la educación actual, esta educación que en lo fundamental busca moldear a las nuevas generaciones a una sociedad como la vigente. Partamos admitiendo que con majadera insistencia intentan convencernos que ya nada se puede hacer, que no se pueden cambiar las cosas, que el modo programado de existir es la alternativa más realista, que no hace falta educar para la vida, porque las materias elegidas para armar los contenidos educativos son más importantes. Me quedo pensativo, con la mirada congelada... ¿Cómo hemos llegado a este punto?, me pregunto, sin saber qué responder. Mi voluntad me dice que debemos remontar todo desafío, las tinieblas son el territorio de la ignorancia que nos recomiendan con insistencia. Creo que quieren tomar todo nuestro tiempo, nuestra vida entera y ponerla al servicio de sus intereses. Crece mi sospecha, intuyo que nos mienten sinceramente.

Los niveles exigidos por los ministerios de educación están desconectados de la vida. Precisamos un sistema educativo que prepare a las nuevas generaciones para ejercer con lucidez el sagrado arte de vivir; si continuamos esperando que la sociedad cambie para disponer de una nueva educación nos graduaremos de recuerdo sin que nada se haya modificado. Transformamos totalmente el sistema educativo o decidimos continuar fabricando zombies. ¿Qué nos están diciendo los desertores de las escuelas, los que cada vez a más temprana edad comienzan a drogarse, a evadirse? ¿Qué nos están diciendo aquellos que se alcoholizan con frecuencia, que comen basura antisaludable? ¿Qué nos están diciendo los que con facilidad son atrapados por sectas religiosas o pandillas, los que hipotecan su vida en pro de fundamentalismos absurdos, los que se llenan el cuerpo de cicatrices elevadas a categoría de arte y están totalmente dispuestos a probar nuevos venenos químicos? ¿Qué nos están diciendo los exalumnos nuestros, ahora convertidos en funcionarios públicos tan propensos a la corrupción, a la degradación humana, a una vida sin principios ni valores? ¿Qué nos están diciendo las crecientes cantidades de jóvenes y adultos infelices, deprimidos, fracasados, sin ganas de continuar viviendo? ¿Qué nos está diciendo la epidemia de mediocridad y la cantidad creciente de personas que se han planteado como alternativa el suicidio? Sin duda, la educación ha fracasado o quizá, estaba previsto que logrará estos resultados para mantener vigente una economía de mercado que funciona a tracción de sangre.

No es fácil aludir a esta situación, sin embargo, antes de concentrarnos en la transformación de la sociedad a partir de la revolución educativa, antes de realizar una reingeniería pedagógica-existencial con los educadores vanguardizada por ellos mismos, terminemos de contemplar la educación actual y sus encantadores detalles. Mi preocupación por el tema es antigua, estuve a punto de ser expulsado del colegio a mis 18 años por criticar la educación recibida que en lo fundamental se mantiene inmodificable; a esa edad pensaba que se podría en menos tiempo dar más enseñanza, prohibir la memorización y suprimir esas evaluaciones que terminaban haciéndonos competir entre compañeros, no solo no fui escuchado, la amenaza de expulsión fue la espada de Damocles que pendía sobre mi cabeza durante el resto del calendario académico.

El tiempo atropella a quien no se prepara para vivir, amarga es la geografía de quien no se conoce ni maneja su energía, da la impresión que el Universo desampara a quien no descubre el propósito de su paso por la Tierra. Es probable que el tiempo aniquile con desgaste prematuro a quien no bucea en su océano interior; convivir con un extraño instalado dentro de uno, genera una incomodidad existencial, susceptible de resolverse iniciándose al sendero del autoconocimiento.

Todo cambia menos la educación, esto equivale a realizar una apología de lo obsoleto. Los niños y niñas de hoy habitarán un desconocido mundo, allá en el aún lejano 2040 las necesidades serán otras, la tecnología distinta, es decir, no podemos educarlos para un mundo que no sabemos cómo será, incierto, solo podemos educar preparando a las nuevas generaciones en el desarrollo de sus habilidades y talentos, de sus capacidades y sensibilidad, en el autoconocimiento y el autocontrol mental y emocional, capacitándolos para manejar su energía y direccionarla en la perspectiva precisa.

Sin embargo, nada de eso ocurre, se continúa insistiendo en transmitir información, en su mayoría inservible para aprender a vivir con calidad; se continúa pensando que las evaluaciones miden el progreso del alumno cuando en verdad solo miden la capacidad de memorizar, ignorando lo que realmente está viviendo el estudiante y aquello que en el fondo le interesa. Días después de haber dado un examen brillante es probable que aquel buen estudiante no recuerde casi nada de aquello que generó una alta calificación. Demasiado énfasis en las notas y en las evaluaciones cuando los alumnos podrían aprender a evaluarse entre sí y ser autocríticos en un contexto de flexibilización institucional que posibilite mayores iniciativas estudiantiles.

No podemos continuar llamando educación a ese proceso de adoctrinamiento para el consumo y el conformismo. No podemos continuar cerrando los ojos ante una educación como la actual que nos ha demostrado hasta el cansancio su fracaso, su probada inutilidad, porque cada vez están peor las nuevas generaciones, aquellas precisamente que pasaron por muchos años de escolarización. La educación actual contamina al estudiante como la industria a la naturaleza, porque destruye la creatividad y la sensibilidad de las nuevas generaciones.

Siempre me he preguntado ¿dónde estudiaron los drogadictos actuales? ¿Dónde estudiaron los que se volvieron adictos al alcohol, los que deambulan con una vida sin sentido, los que se deprimen y suicidan, los que constituyen esa creciente multitud de seres infelices que pasan por la vida intrascendentemente? ¿Dónde estudiaron los que toman tan malas decisiones que cada vez a más temprana edad terminan destruyendo su vida? No estamos exagerando, Sigmund Freud nos advirtió en su época que el sistema educativo convencional produce enfermedad.

Un sistema basado en evaluar y calificar no sirve. Los humanos somos altamente complejos y no todo es medible en nosotros, es más, lo importante no puede medirse con métodos cuantitativos, trasplantados desde la lógica industrial. Nunca entendí cómo puede ser más importante cumplir un plan de estudios si nuestros alumnos están drogándose, destruyendo sus vidas con su estilo de vivir o incluso suicidándose. Siempre pensé que el sistema educativo está contra la creatividad de los niños y la libertad de los jóvenes. ¿Cómo esperar que los estudiantes aprendan si no se les escucha, no se les valora, no se les conoce, no se sabe lo que realmente ellos quieren y necesitan? Pocos docentes saben cómo viven sus alumnos, muy pocos tienen un momento para preguntarles cómo están, qué está pasando en sus vidas. En verdad la educación convencional anestesia al alumno y lo gradúa de conformista, le atiborra de información cuando las nuevas generaciones precisan conocimiento, materia prima con la que fabricarán la sabiduría para gerenciar su vida con plenitud.

Sin embargo, no condenamos a los docentes, sabemos que hay gente buena haciendo algo erróneo, mas no podemos ignorar que en el fondo hay una crisis de sentido, no podemos ignorar que los jóvenes en la actualidad ya no saben para qué estudian. Al ser cada uno un completo desconocido para sí mismo, no solo no está preparado para hacerse cargo de su vida, sino que está entrenado para hacerlo mal, porque no sabe tomar buenas decisiones, no sabe direccionar su energía, no sabe cuáles son sus potencialidades, desconoce también el manejo de sus emociones, quedando a expensas de sus impulsos y deseos o influencias externas, probablemente tóxicas. Doce o quince años después de haber comenzado la escuela, década y media después de estar formándose en los centros educativos convencionales, el joven está entrenado para complicarse y sufrir, para cometer errores y malograr su vitalidad. No obstante, la generalizada apatía estudiantil que observamos no es la causa, es un síntoma; podríamos comenzar prohibiendo las clases aburridas, ¿no crees?

Respiro profundo, siento el follaje de mi indignación, soñaré hasta el final de mis días, me digo en voz alta, soñar un mundo nuevo no es algo descabellado, no beberé la cicuta del conformismo ni acamparé en el terreno de la resignación, no se acerca el fin del mundo sino el final de una civilización. Nada derribará mi optimismo, quizá este sea nuestro último silencio, sin embargo, lo viviremos con la profundidad necesaria, con la intensidad precisa y la alegría de saber que no estamos malgastando nuestros días. En este sentido escribí está carta, para convocar a tu rebeldía, esa luminosa capacidad de decir NO desde el corazón, a lo que no tiene sentido, seremos la piedra en el zapato de esta civilización, un día nos daremos cuenta que valió la pena tomar una posición crítica, rediseñar la vida, refundar la educación, cada uno desde el aula soberana que posee, encarnando el desafío de declararlo zona liberada, es decir, el sitio sagrado donde germina la esperanza y se descubre la vida de cuerpo entero.

En la próxima carta quiero revalorar la actividad educativa, reposicionar la educación, no ya como una profesión más, sino como un apostolado, como un arte sagrado reservado a los artistas multidimensionales que esculpen el futuro en la piel de la consciencia de las nuevas generaciones.

Hasta pronto,

CHAMALÚ

"Propongo convertir a la educación en un instrumento de liberación en reemplazo de la anestesia conformista"

"Si hay algo valioso en la vida, es la vida"

CARTA 3

Ref. DOCENCIA

¿PROFESIÓN O APOSTOLADO?

Estimado Profesor / Estimada Profesora:

No nacimos para trabajar, no vinimos a la tierra por razones laborales. Antiguamente el trabajo era un castigo destinado a los esclavos, sin embargo, la instauración del capitalismo significó el reposicionamiento del trabajo al punto de convertirlo en una razón para vivir.

Es nuestro tercer encuentro y esta epístola comienzo a escribirla mientras la ciudad duerme; amanece, la mayoría de los cerebros permanecen enredados en sueños que nos remiten a otras realidades, pronto cada uno comenzará la rutina, se encenderán voluntades para hacer lo mismo de cada día. El problema no es la repetición, el problema es hacer lo que no amamos, instalar nuestra vida a la intemperie de nuestra pasión, inundar de frivolidad las profundidades, esperar pasivamente tiempos mejores, descender hasta el fondo del conformismo ignorando que la vida comienza cuando nos rebelamos, cuando nos atrevemos a ser nosotros mismos, pero lo mejor de cada uno.

El tiempo no espera, tú lo sabes, cada día es por última vez; el tiempo en forma de vitalidad es nuestro primer capital, desperdiciar el día equivale a suicidarse de a poquito; nacer no es suficiente, es preciso renacer. La profesión es la acción elegida para generar por reciprocidad la retribución respectiva en una sociedad donde todo tiene precio. La educación entrena al estudiante para que un día posea una profesión y, con ella, el respectivo poder adquisitivo que le permita participar del mercado, atender sus necesidades básicas y constituirse en un ciudadano. Todo parece normal, sin embargo, el proceso educativo no contempla el aprendizaje de la vida, la preparación para manejar su energía, para conocerse, remodelarse y lograr los objetivos elegidos; es decir, lo normal rápidamente deviene en anormal y hasta patológico, porque reduce la existencia humana al trabajo y este a la posibilidad de consumo. Ese, es el camino de autodestrucción y suicidio.

Vivir para trabajar es renunciar a la vida. La docencia no es un trabajo, no es una profesión; al trabajar con la consciencia de las nuevas generaciones estamos hablando de un arte sagrado, de un apostolado, de una Misión; la docencia más que ninguna otra actividad requiere vocación y pasión. La vocación no alude a una alternativa laboral, nos conecta a un llamado interno derivado de la misión que cada uno tiene. Su cumplimiento garantizará la evolución de la consciencia que a su vez garantizará el sentido existencial, tan escaso como importante.

Al comenzar esa tercera carta, tengo algunas preguntas para ti. ¿Amas lo que haces? ¿Sabías que enseñar tiene que apasionar? ¿Te consideras un buen docente? ¿Sabías que un buen profesor inspira, que educar es un privilegio, que no cualquiera puede ser docente, que educar no es trabajar? Es decir, ¿sabías que la docencia solo es aceptable cuando se profesionaliza una pasión que incluye entrega, disfrute, dedicación, involucración total, fascinación por enseñar? ¿Sabías que un docente está en el lugar adecuado si está seguro que continuaría enseñando incluso si fuera millonario?

Se trata de enseñar desde el corazón, no desde el texto oficial, de amar la materia que dictas. Recuerda que no es un trabajo, es una acción artística realizada con reverencia y pasión, esos son los maestros que necesitamos, el resto, apenas son actores, buenos o malos pero actores al fin.

A veces tengo miedo del futuro que nos acecha, ¿un presagio subterráneo? Me refugio de nuevo en la meditación, en la espesura del silencio reverente, me instalo en la zona de misterio, donde se habla el idioma del silencio; nuestra visita a la tierra es breve, tomo consciencia de la fugacidad que pobla mis células, quizá un día la eternidad me interrogue sobre mi paso por la tierra, ¿cuántas huellas habré dejado al gastar mi tiempo? ¿Cuánta ternura habré restituido? ¿Cuánta ignorancia habré contribuido a derretir? Exhalo lentamente como intentando detener el tiempo, ¿qué harán los jóvenes si no aprenden a vivir? Me pregunto con insistencia, observo la ciudad a lo lejos, antes era un bosque, ahora crecieron edificios, no es mala la tecnología, pero en manos de enceguecidos dirigentes podría ser la incineración del futuro.

Estamos en manos de los educadores y educadoras, concluyo en silencio. ¿Tendrán estas palabras el destinatario adecuado?, ¿será la semilla germinada y cultivada y reforestada la consciencia? Permanezco pensativo, al fondo, un poco abajo, la silueta de la ciudad permanece envuelta en su bufanda de smog, look habitual de las ciudades contemporáneas que eligieron vivir de espaldas a la vida.

Redefinida la actividad docente, reemplazada la profesión por la pasión y elevada ésta a categoría de Misión, la relación profesor-estudiante se transforma cualitativamente, convirtiendo al trabajo en una actividad artística multidimensional, un acto de suprema escultura de donde emanarán renovados seres humanos, preparados integralmente para construir un mundo nuevo. Docentes de calidad significa profesores preparados para acompañar e inspirar, conscientes que están realizando la sagrada actividad de contribuir a la creación de los constructores de un mundo más humano y ecológico.

A quienes creen que nada de esto es posible, quiero decirles, después de haber viajado por los cinco continentes, observando y aprendiendo, compartiendo y experimentando, que es posible, es más, resulta imprescindible generar un Movimiento de Pedagogía Rebelde al interior del sistema educativo vigente, es posible porque ningún sistema domina por completo. En este sentido, es probable ir gradualmente ocupando los espacios no atrapados por el sistema, es posible reforestar consciencias y cultivar nuevas semillas en el jardín del corazón de nuestros estudiantes, ellos aún son tierra fértil, ellos traen las semillas de su evolución en forma de potencialidades y talentos, solo tenemos que ayudarles a identificarlos, regar con nuestro buen ejemplo y proveerles las herramientas necesarias para cultivar su humanidad y desplegar su lucidez y alcanzar la cima de su realización personal.

Aprovechemos las grietas que deja el sistema para reforestar consciencia, ella se despierta y cultiva, se nutre e incrementa con la presencia de un buen maestro. Se trata de educar siempre, de valorar el potencial que traen las nuevas generaciones, de revalorizar el trabajo docente como constructor de un mundo nuevo. ¿Sabías que cada profesor es un descubridor de talentos y pasiones? ¿Que la docencia es la actividad más importante de todas? ¿Que ella es en el fondo talento más pasión más servicio convertido en estilo de vida? ¿Que es indispensable un trabajo interior y de autoconocimiento para construir o reconstruir al docente, porque lo que él ejerce no es una profesión, es una labor alquímica de la que depende el futuro de la Humanidad?

¿Sabes?, no recuerdo a mis profesores excepto a uno, solo uno de las decenas de docentes que pasaron por el aula sin dejar huellas inspiradoras. Continúo recordando, mi memoria se derrite luego de contemplar una enmarañada madeja de recuerdos infelices, en verdad la escuela no me permitía estudiar lo que soñaba, entonces corría a reencontrarme con el silencio luego de deshabitar la zona de ruido tan recomendada como frecuentada.

Quise encontrar un mentor, un cómplice, alguien que comprendiera lo que estaba necesitando entonces; nunca apareció el aliado anhelado, en varias oportunidades, mi silencio quiso estallar, entonces me dije a mí mismo: "No te conozco, pero quiero saber más de ti, al fin de cuentas hemos de andar juntos toda la vida, es mejor que te conozca, que sepa lo que viniste a realizar en la tierra, quiero conocer tus potencialidades, tus fortalezas y tus limitaciones, quiero reconciliarme con lo imposible, ir más allá del nombre y lo aparente, cruzar todo lo ancho de mi curiosidad y saber el sabor de tu profundidad".

Realizado el compromiso conmigo mismo, poco a poco comencé a explorar el enigma que era, poco a poco comencé a observarme para conocerme y al hacerlo, adquirir la posibilidad de transformar, de direccionar mi energía, de manejar mis intenciones y emociones y ponerlas al servicio de mi crecimiento personal. Esa fue mi maestría de vida, la que devolvió claridad a mi existencia, la que me permitió huir de la rutina intrascendente que atrapa y desgasta, que mata en vida y nos devuelve a circulación, desprovistos de alma e identidad.

La docencia fue mi opción elegida, el mundo entero fue el aula infinita, el tiempo-espacio donde incendié la ignorancia y estrangulé a la soberbia; ser aprendiz requiere de una fuerte dosis de humildad y de la respectiva reverencia. Agradecí la oportunidad de comprender que la docencia no podría ser nunca una profesión, no se puede reducir al educando a un objeto sobre el cual trabajamos. Educar es un ritual alquímico, un artesanato sagrado que hilvana con hilos de luz la consciencia naciente. El resto surgirá del tiempo, el fuego del conocimiento oportunamente consumirá lo innecesario. Repoblemos el mundo de educadores lúcidos, de profesores creativos que sepan hacer protagonistas a los alumnos, que puedan llamar la atención de ellos y sorprenderlos, apasionarlos y enamorarlos de la vida. A quien no le encanta lo que hace, que renuncie.

Quiero referirme en la próxima carta a la preparación integral del educador y reemplazar al instructor por un maestro, al entrenador por un mentor. Quiero proponerte una capacitación existencial, un doctorado en observación y conocimiento de sus estudiantes. La próxima cita, tendrá efectos colaterales deseables.

Hasta pronto,

CHAMALÚ

"No importa cómo te crearon, puedes reinventar TU vida"

"Preparemos a los jóvenes para Vivir Bien"

CARTA 4

Ref. PREPARACIÓN INTERGRAL DEL EDUCADOR

Estimado Profesor / Estimada Profesora:

Esta mañana, en mi paseo matutino me encontré con un mendigo. Vi la sombra de la muerte en su rostro, enfermedades acechando su cuerpo, era el último día del quinto mes de este año, busqué en mis recuerdos, me parecía haber conocido a este hombre hace muchos años cuando su vida aún no había sido desgastada por las malas decisiones. Entretanto, me confesó que él también había acudido a la escuela. ¿Dónde se aprende a tomar buenas elecciones? ¿Por qué no hay escuelas de sabiduría iniciándonos a la vida y sus misterios? Ahora recuerdo, cuando lo conocí, él tenía un trabajo normal, una vida normal, hasta que conflictos conyugales le llevaron al alcohol, a la depresión, al intento de suicidio y ahora a vivir en la calle. El problema es que lo normal no es normal.

En Bolivia se acerca el invierno, soy incurable fanático del calor, amo el caribe y su frenética temperatura, mi pulso delata presencia endorfínica en mi torrente sanguíneo. Me encanta estar vivo, me fascinan las sorpresas, tengo el asombro en buen estado físico. Me gusta escribirte, en verdad, no quisiera que está cita epistolar se acabe.

Respecto al tema propuesto, lo importante no es que aprueben materias sino que descubran la vida; cumplamos los requisitos, pero invisiblemente hagamos lo que hace el jardinero: crear las condiciones para que la semilla crezca y florezca en el jardín del corazón de nuestros estudiantes.

Sin embargo, primero es preciso trabajar en uno mismo. Ya sabes que la docencia no es una profesión, que el profesor no es un informador, que es el mentor que enseña a preguntar e investigar, estimula a soñar y descubrir la vida, comenzando por animarles a rebelarse frente a la injusticia y a lo que no tiene sentido. Les enseña a discrepar desde el respeto, a descubrir la belleza de la vida, a experimentar y no privarse de nada bueno, a leer con pasión y valorar el silencio y la naturaleza. Quizá todo comience estudiando a los estudiantes.

Y antes de todo, se trata de trabajar en uno mismo, de generar el hábito de observarse para conocerse, porque solo quien se conoce está en condiciones de transformarse. Es de esta remodelación existencial que emergerá un ser humano superior dotado de sorprendente lucidez e indisimulable presencia plena. Esos son los docentes que cultivarán a los fundadores de la nueva humanidad. Comienza trabajando en ti, desconecta el piloto automático con respiraciones conscientes que permitan instalarte en el presente, date cuenta que la felicidad es una opción, que amar la vida ayuda al docente a dar buen ejemplo, porque los alumnos aprenden más de lo que ven que de lo escuchan.

Un buen profesor, además de conocer su materia, debe ser feliz y manejarse en coherencia creciente, entonces, su palabra tendrá la fuerza suficiente como para influir poderosamente en quienes vienen a formarse. Por ello, es fundamental que tu preparación sea permanente, más aún en tiempos de obsolescencia acelerada, sin embargo, no es suficiente la formación académica, esto es apenas el follaje de la auténtica formación que alude al autoconocimiento, al autocontrol mental y emocional, a que cada docente se conozca a tal punto que esté en condiciones de manejar y direccionar su energía, esto te hará más sensible poniéndote en condiciones de comprender mejor lo que realmente necesita el estudiante, sus ritmos y necesidades existenciales. Si la enseñanza no respeta los ritmos naturales del niño, la niña y adolescentes, terminará haciéndoles daño.

El profesor está más para motivar que para instruir, para movilizar potencialidades internas que para evaluar; el docente tiene el deber de saber lo que necesita, lo que quiere, lo que le gusta al estudiante, porque educar es acompañarles hacia la autorrealización, al interior de un proceso en el cual adquieren principios y valores, en el que aprenden a respetar la vida y agradecer el regalo de estar vivos. Tú sabes que no se puede dar lo que no se tiene, por ello el docente primero tiene el deber consciencial de trabajar en sí mismo, usando las herramientas de la meditación y la reflexión, reforzando ese proceso con el hábito de la autobservación permanente.

Educar al educador significa un acto de humildad y autocrítica, descartar muchas cosas, desintoxicarse ideológicamente, porque ningún educador fue formado integralmente para acceder a las fuentes de lucidez y manejo de sus potencialidades. Esto, no obstante, se puede solucionar, ya que nunca es demasiado tarde para retomar el proceso formativo y transformador. Educar al educador es el desafío más importante y apasionante, porque en manos de los docentes están las consciencias que dibujarán los detalles del futuro que nos espera.

Un docente con trabajo interior es un ser humano distinto, irradia otra luz y su presencia incluso silenciosa dice tantas cosas. Ese docente está a tu alcance, solo precisas continuar leyendo y reflexionando estas cartas. PEDAGOGÍA REBELDE, más allá de su estilo epistolar, es un taller de trabajo alquímico para convertir al humano en un ser increíble y eso es lo que cada profesor tiene que ser como mínimo. Se trata de educar para el cambio, ese cambio que deberá ir ocurriendo permanentemente. Ser docente es transitar un sendero de perfeccionamiento constante. ¿Te das cuenta que fuiste convocado para influir a los que decidirán el futuro de la humanidad?

Docente que no cambia está dormido o muerto, ya que sabemos que no todos los muertos habitan un cementerio. Si tú estás bien, en crecimiento permanente, tus estudiantes se sorprenderán en el aula; desde la sorpresa germina la curiosidad y les encantará aprender y descubrir, descubrirse como protagonistas de un viaje de aventura multidimensional. La misión tuya es darles herramientas para conocerse y aprender a ser felices, esto incluye aprender a cambiar, a fluir, a ir por la vida descomplicadamente, aprendiendo de todo lo que nos pasa y disfrutando el trayecto de cada día.

Quizá no deberíamos dar tanta importancia a las notas y escucharles más. La escuela tiene que ser un espacio de aventura y asombro, donde cada uno se anime a ser auténticamente uno mismo y no otro imitador más. Es preciso generar relaciones de respeto, afecto y alegría con los estudiantes, apuntar en el aula, más que al rendimiento académico, al rendimiento existencial, que incluya desarrollar la capacidad de tolerar la frustración, el cambio y la generación de nuevas ideas, en especial cuando las cosas salen diferentes a las esperadas.

El docente es quien ayuda a los niños y jóvenes con apoyo lúcido, porque reconoce a cada uno de sus estudiantes, sabe sus necesidades y lo que están viviendo en el momento, sabe identificar sus fortalezas y debilidades y les ayuda a trabajarlas. Obviamente lo que enseña también lo aplica a sí mismo, es amigo de la disciplina, la cual disfruta y enseña con la actitud. Al buen docente se lo ve sano y feliz, vital y creativo, conoce su materia, pero más a sí mismo, se ama y acepta y proyecta humildad, seguridad y entusiasmo en todo lo que hace.

Quizá estás preguntándote dónde se aprende todo esto. Estoy consciente que en ninguna universidad, sin embargo, esta caminata es precisamente para ello. Quiero compartir contigo las semillas de sabiduría que fui recolectando y cultivando a lo largo de tres décadas y media, quiero abrirte las puertas que aún no se abrieron. Muchas claves las recogerás en este libro, otras vendrán en la segunda entrega con el nombre de ESCUELA INVISIBLE, Introducción a la Pedagogía Wayra, un viaje imaginario en el cual construiremos juntos una nueva educación.

Mi anhelo es unánime, quiero compartir contigo y entregarte todo lo acopiado en mi vida. He acumulado con paciencia semillas de sabiduría, embriones de estrellas y relámpagos verbales para abrir párpados e inaugurar curiosidades. Ocurre que la vida es otra cosa y debemos hacer correr este rumor entre nuestros y nuestras estudiantes. Estoy consciente que el camino es sinuoso, que hace falta reaprender a contemplar amaneceres y cantar agradecidos a la hora vespertina, que hay miedos en forma de culebras y represiones en forma de artrosis deformando vidas. No es fácil…, y ¿qué importa que no lo sea? Me remito a los hechos: o transformamos la humanidad con una nueva educación o no habrá futuro. Los educadores de hoy tienen la palabra.

Te propongo reencontrarnos en la próxima carta para abordar el tema del PENSAMIENTO CRÍTICO, lo que no te dijeron al respecto y las razones de ese encubrimiento.

Hasta pronto,

CHAMALÚ

"El amor es la medicina que siempre cura"

"La verdadera educación transforma a los hombres y mujeres en humanos, la educación técnica, solo fabrica robots"

CARTA 5

Ref. PENSAMIENTO CRÍTICO

Estimado Profesor / Estimada Profesora:

Es propicio este encuentro para despertar inquietudes y repensar lo que estamos haciendo. Están pasando cosas, pero no figuran en la prensa. Es noticia conocida, carecemos de estadísticas de los niveles de frustración, la vida está herida, agonizando en muchos casos, la confusión adquiere estatus de normalidad, muchos jóvenes deambulan con el alma temblorosa. Venerado el consumo, la propuesta oficial es mirar solo para afuera, ocupar incluso el tiempo libre, comprar incansablemente, el resto, traficar rumores por las redes sociales, carecer de tiempo para leer o reflexionar y permanecer fieles a la pantalla que hipnotiza.

Anoche me marché prematuramente de una cena, cada uno estaba más pendiente de su teléfono que de los alimentos o la conversación; la gente ignora lo que no sabe, el desnivel acecha, pocos conservan su centro, su zona de poder, su identidad. El ocaso simula amanecer, hay quienes viven de noche, algunos nunca sabrán quienes fueron, hasta el día que sean conducidos fríos y rígidos a su última morada. El porvenir se insinúa amenazador, la penumbra da paso a las sombras, la infelicidad profana la existencia y abruma el sinsentido. Me detengo, contemplo, cada uno pasa de prisa, sospecho que intentan ahorrar tiempo para tener más tiempo que perder. Descarto el pesimismo por estéril, ¿dónde va la gente que no sabe dónde se dirigen sus pasos? ¿Por qué se murieron los que carecen de vida en su mirada? ¿Cuánto abarca la ignorancia en una vida tan breve? Dicen que alguien multiplicó los peces, pero… ¿podremos multiplicar los instantes y rebobinar el tiempo perdido?

Cada uno es un ejemplar en su primera edición, la vida carece de lógica, imprescindible estar preparado para todo, ser amigo del silencio y tener la palabra justa para el momento preciso. Pensamiento crítico, lo propuesto para esta cita, incluye vivir el presente, darse cuenta que estamos vivos, respirar conscientemente y tomar una posición respecto a la historia que nos tocó vivir. Solo ángeles y animales pueden preciarse de neutralidad, las cosas no pasan porque tienen que pasar, son efectos colaterales de opciones elegidas y libertades ejercidas. ¿Cuántos ayeres fueron desperdiciados? ¿Cuánta felicidad desgastada? Si acudiste a esta cita presiento que estás dispuesto a repensarlo todo, incluso a pensar contra lo que pensabas, entonces: bienvenido.

Entiendo por pensamiento crítico la capacidad de ver con profundidad, claridad y precisión la realidad en su dinámico entramado de circunstancias visibles e invisibles. Es el arte de desarrollar reflexión, atención, flexibilidad, habilidad de preguntarse, investigar y dudar, además de desplegar una incesante curiosidad, motivación y una mente en constante alerta sereno. El pensamiento crítico es el demoledor de falacias, es la habilidad desarrollada de la observación con profundidad, trabajando de manera conjunta con la intuición y el presentimiento; es ver la consistencia de un razonamiento, del manejo emocional y relacional y el estilo de vida. El pensamiento crítico es una habilidad que se desarrolla.

Desarrollemos el sentido crítico primero en nosotros, luego y de manera natural esto irá ocurriendo en nuestros estudiantes que percibirán nuestra postura, nuestra misión y vibración, así estimularemos una visión y pensamiento propio, crítico y constructivo. Cultivar habilidades críticas y autocríticas es uno de los deberes fundamentales de la escuela, al trabajar esta con la inteligencia de los estudiantes, inoculando en ellos un conocimiento que debidamente aclimatado a cada proceso personal se convierte en una instancia generadora de poder.

Volvamos los ojos a la realidad: se calienta el planeta, se derriten los glaciares, el aire de las ciudades se torna visible, la tecnología inmoviliza al humano de este tiempo que cae víctima de numerosas enfermedades apadrinadas por el sedentarismo, casi nadie se rebela frente a este estado de cosas, hay un evidente déficit de pensamiento crítico. La vida extrae de sus entrañas infinitas y renovadas oportunidades de transformación. Pocos reaccionan. El sonambulismo inducido parece haber afectado, hay un delirio generalizado, se llama infelicidad, al ser practicada por la mayoría pasa desapercibida. Urgente recuperar ese pensamiento crítico, para repensarnos sin demora; la tecnología ha organizado la rutina, ahora es confortable vivir en una prisión.

Después de haber sobrevivido a diversas pruebas y peligros, después de haber vencido innumerables riesgos y amenazas desde la prehistoria, el humano contemporáneo fue derrotado por él mismo, por su ambición desmedida y su descontrol generalizado, su peor enemigo resultó ser él mismo. El pensamiento crítico es probable que se haya convertido en un tema ético; es una postura que emana naturalmente cuando la consciencia crece y la madurez existencial aflora como condición de vida. El pensamiento crítico devendrá en actitud crítica y gradualmente en otra cosmovisión, en otro estilo de vida, con la vida misma como su anfitriona.

Consumismo, individualismo, hipocresía, status, pragmatismo existencial, nihilismo, el mundo está como está, ¿por qué se da más importancia al lucro que a la justicia, al status que a la consciencia, a la apariencia más que al autoconocimiento? No resulta extraño que cada vez se necesitan cárceles más grandes y más cantidad de manicomios.

Continuemos repensando las cosas, contemplando el mundo con mirada propia. Es interesante basar las opiniones y creencias en un pensamiento crítico, así como es imprescindible preguntarse y dudar de todo lo que nos contaron sin temor. Con ese permiso consolidado me pregunto y te pregunto, ¿qué pasa con los jóvenes que estudian contra su voluntad? ¿Te diste cuenta que en este tiempo tener un título académico ya no garantiza nada? Me pregunto también, ¿de qué sirven las escuelas alternativas de académicos incomunicados, instalados en su torre de marfil, incapaces de interactuar con el resto de manera creativa, creadora y horizontal? ¿Incrementar el tiempo de escolaridad sirve de algo? ¿Las buenas calificaciones de la que se precian muchos, servirá de algo ante una vida impredecible y cada vez más exigente? ¿Qué pasa con un plan académico que solo se concentra en lo externo? ¿No tendrá relación con la cantidad creciente de jóvenes, que desde temprana edad comienzan a militar en las huestes del 'nomeimportismo', el aburrimiento, la agresividad o la depresión? ¿Hasta cuándo pensaremos que académico equivale a inteligente y esto conectarlo a destreza lógico matemática? ¿Qué pasa si continuamos fomentando la memorización y la obediencia en vez de la creación y el autoconocimiento? Si la escuela fue creada en función del mercado, ¿dónde queda la realización personal y la calidad de vida? Urgente tener tiempo para repensar lo que está pasando, lo que estamos haciendo y preparar al estudiante para abandonar el rebaño y renunciar a la escuela como fábrica homogeneizadora. No, no se trata de renunciar sino de replantear lo que venimos haciendo, para convertirlo en el apostolado, en la labor artística de la que emanarán los que repoblarán el Planeta Tierra con otra vibración.

Habituémonos a mirar la realidad y sus acontecimientos desde varios puntos de vista, analicemos serenamente lo que ocurre sin perder de vista los efectos colaterales, observemos cómo observamos, contemplemos al observador y su modalidad perceptiva, revisemos periódicamente la manera cómo interpretamos las cosas. A menudo, la gravedad de una situación no es inherente al fenómeno en sí, sino a la manera de decodificarlo. Modificada la manera de interpretar el problema desaparece. En este sentido, el educador precisará convertirse en experto, porque esta actitud será reflejada en el aula; un buen educador es un factor de inspiración para sus alumnos, un docente crítico que reflexiona en vez de repetir, que analiza en vez de dejarse llevar por el impulso, que medita antes de salir corriendo tras sus deseos. Un buen educador estará dejando valiosos precedentes en los niños y jóvenes que acuden a escuchar sus enseñanzas.

El pensamiento crítico no es una disciplina sofisticada reservada para académicos encumbrados, es una actitud ante la vida que precisaremos desenfundar en el centro comercial, al escuchar el informativo diario, en las relaciones interpersonales y en la educación de los hijos. El pensamiento crítico es el proceso de convertir la oveja acrítica en un felino que desde el alerta sereno hace lo que tiene que hacer en el momento justo de la manera exacta. El pensamiento crítico se desglosa en la mirada profunda que decodifica entre líneas, que no cree todo lo que escucha, que descarta el rumor para remitirse a la búsqueda y comprensión de las causas profundas y los efectos incluso a mediano plazo. Desde el pensamiento crítico diremos NO a lo que no tiene sentido, a la comida basura y la enseñanza inservible, a la necesidad innecesaria y la compra de lo superfluo solo por estar de oferta; desde el pensamiento crítico desenmascararemos el doble discurso y la incoherencia, la sospechosa adulación y la frivolidad; desde el pensamiento crítico sabremos lo que nuestros estudiantes necesitan para un día hacerse cargo de su vida y asumir la responsabilidad de encarar con éxito su realización personal.

El pensamiento crítico es la desmantelación del piloto automático, ese funcionamiento en modo zombie tan recomendado como degradado, porque nos induce a vivir sin vida, sin darnos cuenta, sin sentido ni trascendencia. En la actualidad ya no se quema a la gente lúcida, se la confunde y manipula, se la estupidiza y frivoliza, se le roba casi todo su tiempo para que no se le ocurra reflexionar, meditar ni encontrarse consigo mismo. No, las cosas no están mal, está muy bien pero solo para unos pocos; desde que la vida fue profanada, desde que se entretejieron necesidades innecesarias, desde que el felino fue persuadido y convertido en vacuno, desde que la mariposa como prueba de amor se cortó las alas para no quedarse sola y terminó arrastrándose por el suelo de lo convencional, la vida en su versión plena quedó malherida, la dignidad pisoteada, los rumbos extraviados, la consciencia adormilada y la esperanza desgarrada.

PEDAGOGÍA REBELDE es el grito de insumisión que germina silenciosamente en muchos corazones; me agrada sentirte en esta conspiración existencial, esto apenas comienza, esto ya no lo detiene nadie. En la próxima carta quiero recuperar la importancia de dotarse de una FILOSOFÍA DE VIDA, una filosofía existencial que actúe como luz en el camino. Tú sabes, la vida es algo demasiado breve y absolutamente sagrado como para andar a ciegas. Te propongo una nueva cita para compartir lo que no te dijeron que es la filosofía.

Hasta la próxima,

CHAMALÚ

"La felicidad es la música que el cuerpo fabrica para conectarse con la sinfonía cósmica"

CARTA 6

Ref. LO QUE NO TE DIJERON DE LA FILOSOFÍA

Estimado Profesor / Estimada Profesora:

Anoche llovió en mi pueblo, no es habitual en esta época, las montañas se vistieron de unánime blancura por unas horas, ya es medio día, el bosque donde crecí continúa vivo en mi memoria. Pienso en voz alta, respiro conscientemente mientras atrapo este instante, soy el presente me dice; se anudan nuevas ideas, jadea mi silencio, extraño caricias pendientes, constato la nutrición que alimenta el alma mediante el abrazo, incendio un recuerdo indeseable, no entiendo por qué se mantuvo tanto tiempo, siempre creí que la memoria es la galería de arte donde se guardan con exclusividad buenos recuerdos.

Recuerdo al profesor de filosofía en la escuela que me hizo odiar su materia, recuerdo cómo está el mundo contemporáneo sin referencias éticas ni principios que iluminen su camino; los senderos de la reflexión hace tiempo dejaron de ser transitados, la curiosidad y el asombro fueron derrotados por el culto a la imagen, mientras la filosofía quedó relegada a la academia, reducida a abstracciones inentendibles y asociada con una vida académica que nada tiene que ver con el día a día. Reivindicamos el método socrático, en verdad es el método que los abuelos usaban para compartir su luz con los jóvenes. Proponemos repensar la existencia y desentrañar el verdadero sentido de la vida, llegar a conocernos y alcanzar la plenitud, desmantelar la torre de marfil en la que se resguardaron quienes secuestraron a la filosofía, que desde nuestra perspectiva es una herramienta de autoconocimiento y el sagrado arte de usar la razón con lucidez al servicio de la evolución consciencial y la calidad de vida.

La profundización de la racionalidad, como todo es circular, termina rencontrándose con la intuición y juntos procreando la sabiduría expresada en calidad e intensidad existencial. PEDAGOGÍA REBELDE es también la filosofía de la rebeldía, la apología de la disidencia, la germinación -como te decía en la carta anterior- del pensamiento crítico, es la complicidad con la plenitud y la trascendencia de la banalización vivencial sugerida por esta civilización. Hemos renunciado de manera premeditada al lenguaje académico para proponerte una filosofía desenfadada y desplegada en lo cotidiano. Somos paganos, mundanos, libertarios o si prefieres, solo religiosamente humanos, implacables con la ignorancia, amigos íntimos de la lucidez, sensibles ante la injusticia, capaces de estremecernos ante una caricia, pero de permanecer imperturbables ante la adversidad. Admitimos ser disidentes de esta civilización, nuestro mundo es otro, allá la vida se pasea de cuerpo entero sin miedo a la discriminación por ser cada una diferente.

Precisamos todos, más aún los educadores, de una filosofía de vida que nos permita esclarecer nuestra visión y misión, así como las maneras de alcanzarlas, sin descuidar la coherencia. Filosofar no es la especulación teórica de algunos académicos de espaldas a la vida, es el quehacer cotidiano de quienes asumen la responsabilidad de vivir hasta las últimas consecuencias, es el artesanato sagrado que comienza con la pregunta que se atreve a dudar, a buscar, a observarse. La filosofía de la que te hablamos es para vivirla cotidianamente, en la perspectiva de descubrir y disfrutar la vida que cada uno somos.

La filosofía es la materia principal que precisa ser enseñada desde la niñez; la filosofía comienza con preservar la capacidad de divagar, de dejar volar la imaginación de soñar despierto, de observar y observarse, de reflexionar para aprender, de repensar lo ya aprendido sin olvidar que la capacidad de reflexionar se desarrolla con el uso. ¿Sabías que somos la única especie que piensa?

A veces creo que la vida fue violada, que la frivolidad continúa royendo los instantes, que cada día es una batalla perdida, porque sin teoría no hay práctica lúcida. Es teoría el darse cuenta de lo que hacemos mientras lo hacemos. Observo de nuevo la ciudad, despliega con impune naturalidad diversas modalidades de estupidez; hay quienes se ahogan en problemas inexistentes mientras otros sufren por si acaso; algunos deliran con el consumo que les consume invisiblemente; vivir para trabajar es un acto de deslealtad existencial para con uno mismo.

Observo cadenas y nudos, sistemáticas negativas a desatarse de necesidades innecesarias; el tiempo pasa, al pasar se acaba, al acabarse concluye la vida, deteniéndose la experiencia evolucionaria en la Tierra. ¿Estará la gente consciente de su paso por la Tierra? El déficit de reflexión puede ocasionar lamentables consecuencias, pienso. Tengo ganas de caminar al borde de lo prohibido, a lo largo y ancho de lo clandestino, encontrarme con lo que aún no existe, inventarme nuevos estilos de vida donde la vida sea lo más importante.

Cambio de rumbo, percibo multitud de cicatrices, ríos entubados y miedos en forma de enredaderas, totalmente adheridas al presente de algunas personas; urgente filosofar, me digo a mí mismo, no es un consuelo, es una urgencia existencial al percibir que el huracán de frivolidad intensificó su marcha y el festín necrofílico se apuntó a la globalización.

Preguntar y preguntarse siempre, constituido este hábito, contagiarlo a los estudiantes, preguntarles creativamente y hacerles reflexionar, desafiarles con preguntas hasta hacerles pensar por sí mismos. Nuestros estudiantes tienen que conocerse y conocer el mundo, desarrollar sentido crítico, sensibilidad y estar preparados para vivir bien. La formación técnico-profesional apenas deberá ocupar un 20 o 30% de la energía invertida en su formación.

Los niños y niñas son de cristal, si no sabemos tratarlos terminaremos rompiéndolos, esto es, dejando en ellos perjuicios y traumas que les perseguirán incluso por toda la vida. Como educadores estamos cultivando flores en el jardín de la vida, somos como el viento que transparente enseña: todo es movimiento. Somos la lluvia que nutre sus raíces profundas y les habla de la importancia de aprender a fluir en la vida. Somos el jardinero, de caminar tranquilo y mirada amorosa que teje profecías y enseña a nadar en el oleaje de una impredecible existencia.

La vida se desvanece rápido, es indispensable aprender a vivir sin demora, saber sostener la mirada ante los desafíos y filtrar la enseñanza para descartar la sonoridad intrascendente. Aprender filosofía, o mejor, reaprenderla desde su vertiente vivencial es imprescindible, así como recuperar el hábito de la reflexión y la intuición. ¿Sabías que una persona reflexiva es más profunda?

Precisamos repensar la vida, la naturaleza y lo humano, analizar críticamente el proceso educativo y lo que estamos logrando como educadores; necesitamos repensar ese arcaico eurocentrismo que nos ancla a paradigmas que no toleran la diversidad, al pensamiento lineal y las formas de producir conocimiento; si el cambio es inherente a la vida, ¿por qué tanta rigidez? ¿Por qué tanta negativa, tanto miedo al cambio? ¿Por qué negarnos a descubrir y comprender el entretejido de relaciones y conexiones que constituye la vida? El abordaje reflexivo y con profundidad es tarea pendiente que los educadores debemos asumir hasta lograr que nuestros alumnos se enamoren de la vida y sus desafíos.

Poco a poco he llegado a pensar que no se enseña a reflexionar para dejar las cosas como están. El darse cuenta nos hace inevitablemente críticos y esto a su vez nos convierte en no aptos para la domesticación. Quien se pregunta busca y quien busca inevitablemente encuentra razones para rebelarse, para intentar cambiarlo todo, el solo acto de preguntarse por qué y para qué nos predispone a una actitud diferente. La gente que en un centro comercial se formula estas dos preguntas termina comprando mucho menos de lo que sus impulsos de compra propiciados por la publicidad le inducen.

Lo que no te dijeron es que vivir sin filosofar es peligroso, que reflexionar también puede ser un placer, que filosofar nos ayuda a tener más confianza en uno mismo, a comprender mejor nuestro propósito, a ver más profundo, a descubrir lo que permanece invisible a los ojos de la mayoría, a cultivar nuestra mente, manejar nuestras emociones y conducir con equilibrio nuestra vida.

Se trata de aprender a pensar desde uno mismo, de comprender la filosofía como una medicina para el alma, de descubrir que la filosofía fecunda la libertad, que nos convierte en artistas especializados en el arte de vivir. La filosofía provee a las nuevas generaciones de razones válidas para vivir. La filosofía es amiga del silencio y se lleva bien con la soledad; filosofar nos hace más escasos (socialmente hablando), más profundos, más sensibles, ya que nos ayuda a limar el acero de nuestra personalidad y a esculpir con firmeza nuestra actitud ante la vida. El desenfreno y la frivolidad, el consumismo y una vida despojada de profundidad, revelan un déficit de filosofía. En esta condición de orfandad existencial es fácil ser arrastrados por las corrientes del sinsentido y el nomeimportismo que infectan a gran parte de las nuevas generaciones.

Comencemos reencontrándonos con la filosofía, posicionándola como un ejercicio cotidiano, creativamente aclimatado a la coyuntura existencial en la que nos encontramos. Quizá no te dijeron que la filosofía es imprescindible para vivir bien, el resto será contagiar esta pasión a tus estudiantes. La humanidad y el futuro te lo agradecerán. Te propongo, por un momento, asomarnos al futuro, ¿te imaginas cómo será el mundo que habitarán los niños que hoy acuden a nuestras escuelas? En la próxima carta quiero que me acompañes a contemplar, por el ojo de la cerradura de la futurología, los tiempos que vendrán. Ahí nos vemos.

Un abrazo,

CHAMALÚ

"APROVECHEMOS CADA ESPACIO, CADA GRIETA, CADA OPORTUNIDAD PARAmDESPERTAR CONSCIENCIA Y SI NO EXISTEN CONDICIONES, CONTRIBUYAMOS A CREARLAS"

"Quien no se pregunta y nunca duda, es un zombie"

CARTA 7

Ref. PREPARACIÓN PARA LOS TIEMPOS QUE VENDRÁN

Estimado Profesor / Estimada Profesora:

Dicen las estadísticas que los domingos por la tarde es el día que más gente se suicida; es probable que el trabajo actúe como recurso evasivo, como pretexto para no encontrarse con uno mismo ni tener que elaborar las respuestas existenciales que la mayoría evita. Es domingo, media tarde, permanezco atento a mis impulsos, los vientos de las emociones soplan en una y otra dirección, conocerse y manejar nuestra energía es posible, el camino es el trabajo interior. Aún recuerdo la lluvia de estrellas fugaces que contemplé una noche, la vida es así, dura lo que dura el fulgor de una estrella fugaz. Siento frío, es el diseño arquitectónico que no contempló la presencia solar, combato el ligero temblor corporal abrigándome, abandono mis recuerdos, creo que imaginariamente visitaba Egipto cuando decidí comenzar a escribirte. Fue súbito el impulso de comunicarme contigo, es como deshojar recuerdos y vibrar conectado a otros corazones.

Estoy presente en el presente, con frecuencia me duele observar lo que contemplo, humanos construyendo infiernos, espectros deambulando con una miserable existencia, aguijoneados por alguna adicción, ciudades inundadas de infelicidad, árboles decapitados, banalidades trepando por todas partes. Hace poco recorrí una calle, era extensa y estaba intensamente poblada, nunca sabré a dónde se dirige la gente, qué hace con su vida, quizá ni siquiera se dan cuenta que están vivos, solo caminan, trabajan, venden su tiempo a cambio de un dinero que les permitirá comprar también lo que no necesitan.

Todos los días veo niños y niñas acudiendo a la escuela, ellos se forman para este tiempo, pero habitarán otro; adquieren las habilidades para vivir ahora, pero les tocará habitar un planeta completamente distinto; todos sabemos que el mundo será diferente en 20 o 30 años, sin embargo, todos también parecen haber aceptado que es positivo que se preparen para un mundo que pronto ya no existirá. Son las paradojas de este tiempo, cuidadosamente encuadernadas para pasar por normales. Las piedras parecen mudas, nadie se detiene a escucharlas, los árboles son observados como materia prima, casi nadie se da cuenta que se dan cuenta. La tierra continúa girando, pero el planeta y su temperamento climático están muy alterados, el metabolismo de la Madre Tierra ha sido violentado, la preservación de la biosfera como instancia donde es posible la vida está a punto de ser anulada.

No caeremos en sensacionalismos ni enfoques catastróficos, pero tampoco dejaremos que el escepticismo nos ciegue o la negligencia se apodere de nosotros. Estamos trabajando con los adultos del mañana, ese es el tiempo que está en tela de juicio, es probable, si todo continúa así, que el futuro no exista. No se trata de adherirse a ninguna profecía radical, no es preciso ser profeta para darse cuenta que nos dirigimos al abismo de la autodestrucción, suficiente con observar las tendencias. Si todos intentan consumir como nuestros vecinos del norte el planeta no será suficiente, los recursos serán agotados rápidamente, el desequilibrio ecológico inevitable y la destrucción por iniciativa de quienes toman las decisiones fundamentales se habrá consumado.

Un temblor inevitable surca mi cuerpo al referirme a este tema: escasez de agua, de alimentos, aparición de superplagas, pobreza extrema, explosión demográfica, contaminación intensa -al punto que ya no sea posible vivir en las ciudades- y, junto a ello, inseguridad creciente, violencia generalizada… ¿Para qué mundo estamos preparando a los estudiantes, más aún, ahora que sabemos que el mundo en el que crecimos ya no existe? ¿Cuánta gente puede vivir en la Tierra sin destruir la biosfera de la que dependemos? ¿Qué mundo les tocará habitar a quienes estudian en nuestras escuelas?

Con frecuencia se escucha decir que los niños son el futuro del mundo, pero ¿realmente nos hemos puesto a pensar de qué futuro estamos hablando? ¿Estamos conscientes que pronto viviremos un mundo muy diferente? ¿Qué significa preparar a los niños para el futuro? ¿Estaremos preparando a nuestros pequeños para el mundo que viene? ¿No será que nos estamos convirtiendo en una civilización que le hace culto a la catástrofe, mediante películas y actividades recreativas donde se banaliza todo y se resta importancia a los desafíos que enfrenta la humanidad del siglo XXI?

Una vez más me quedo pensativo, si el progreso ilimitado es el ídolo, estamos perdidos, pues habitamos un planeta con recursos limitados. Permanezco detenido, los instantes se marchan solos, la incertidumbre acecha, mi curiosidad permanece entreabierta, me duele el corazón al recordar que continuamos como humanidad corriendo rumbo al abismo. Unos jóvenes toman café cerca de donde escribo, ¿se imaginarán lo que les espera? Dialogan sin prisa ni conocimiento de los tiempos que vendrán, no se trata de alarmarse, quizá solo de enamorarse de la vida, de recuperar la mirada transparente y contagiar pasión por ella, es solo eso, la noche llegará de todas maneras, únicamente precisamos acumular la suficiente consciencia para vivir con intensidad existencial el presente y convertir a cada uno de nuestros días en inolvidable.

Saber vivir con la incertidumbre es requisito de este tiempo, conocer estrategias de supervivencia, no es una exageración, ¿te diste cuenta que el futuro ya ha llegado? ¿Es más, que ya se está marchando, que el planeta está fatigado y los cuerpos enfermándose? Es preciso que nuestros estudiantes se preparen para un mundo que está como está. Es urgente que ellos aprendan a cultivar en macetas, en balcones, en techos, en todas partes, cultivar sin químicos, con amor y saber preparar los alimentos, conocer sus propiedades curativas y usar hierbas silvestres para alimentarse. Los niños, niñas y jóvenes precisan saber prevenir enfermedades y curarlas con elementos naturales, saber cómo funcionan los ecosistemas y la economía, conocer el auténtico valor del dinero y las maneras lúcidas de manejarlo para preservar la independencia financiera.

Con el avance de la tecnología, muchas profesiones ya no serán necesarias, las nuevas generaciones tienen el deber de estar informadas de ello, esto nos compromete como educadores para fomentar su creatividad y toda forma de innovación, de pensamiento intuitivo, acompañado de una actitud crítica. Las nuevas generaciones deben estar preparadas para la solidaridad y el trabajo en equipo, para generar y mantener relaciones interpersonales armónicas y desarrollar la suficiente flexibilidad como para fluir con lo que acontezca, aprender de lo que pase y crecer con lo que ocurra, en especial, fortalecerse con las adversidades, convertidas en supremos desafíos didácticos de una vida llena de sorpresas y enseñanzas.

La tecnología evoluciona con rapidez, debemos encontrar formas de crecimiento consciencial dinamizados sin sacrificar la profundidad. Precisamos abrazar el instante y presentir la eternidad, descartar el miedo y poner de pie al optimismo, prepararnos y preparar a nuestros estudiantes para los tiempos que vendrán. No hace falta hacerle culto al sensacionalismo ni adoptar actitudes catastróficas, solo se trata de estudiar los cambios y los efectos que generamos, leer las señales de los tiempos, estar conscientes del momento histórico que nos tocó vivir.

Las predicciones del pasado fueron superadas por la realidad. Ahora aparecen nuevas predicciones científicas, todas tienen un margen de error; predecir en este tiempo es básicamente mirar las tendencias, entonces podremos saber con anticipación cómo nos impactarán los cambios, esos cambios que nunca fueron tan rápidos y que, en la actualidad, podrían tener el nombre de catástrofes.

Se podría decir que somos arquitectos del futuro, unos deciden y otros asumimos las consecuencias. Las tendencias predominantes son indisimulables, los escenarios posibles que nos esperan más temprano que tarde incluyen un gran despliegue de la inteligencia artificial, esto es, coexistir con robots en ecosistemas digitales, con numerosas partes del cuerpo robotizado y con una esperanza de vida mucho mayor que la actual.

Algunos prefieren no mirar el futuro, sin embargo, si no se reflexiona el porvenir llegará más rápido y nos encontrará menos preparados para habitarlo. Mas no todas son malas noticias, también es probable que se una la ciencia con la magia, que nuestro cerebro se conecte con la nube, que la telepatía sea posible y las clases escolares se las pueda recibir en cualquier parte, porque las escuelas serán online y los estudiantes podrán elegir lo que deseen aprender. En ese contexto, no me preocupa que colapse la economía, me alegra que aparezcan nuevas herramientas de aprendizaje, que todos estos cambios posibiliten una dinamización del crecimiento consciencial, que la expansión de la tecnología exterior posibilite una expansión de la tecnología interior, que la física cuántica se una con la sabiduría ancestral y que podamos inaugurar un mundo nuevo.

No nos neguemos a sobrevolar el futuro, a evaluar las tendencias y concientizar a nuestros estudiantes de lo que se acerca, antes que el presuroso timbre llame a las puertas del presente y la arena del reloj se haya agotado. Aún estamos a tiempo de continuar hospedados en el tercer planeta de la vía láctea. La próxima carta se ocupará de la meditación, una manera diferente de recuperar la sensibilidad y conectarse con el wifi cósmico. Con ese apasionante tema te convoco a un nuevo encuentro.

Hasta pronto,

CHAMALÚ

"Educar es despertar el deseo de descubrir la vida"

"Haz lo que tengas que hacer, involúcrate totalmente, conviértete en lo que haces, disfruta el proceso, libérate de los resultados"

CARTA 8

Ref. MEDITACIÓN TAWA. EL ARTE DE MEDITAR CON NATURALIDAD

Estimado Profesor / Estimada Profesora:

Un fraternal saludo desde Bolivia. Hoy me siento generoso, con una felicidad parpadeante y un entusiasmo multicolor, soy asiduo visitante del silencio, mientras la infelicidad insomne conmemora la frivolidad me refugio en mis profundidades; es distinto el sabor de la vida desde que descubrimos la meditación, ese sintonizar el silencio desde el alerta sereno, ese auto-observarse para llegar a conocerse e iniciarse a la vida plena, ese convertirse en lo que haces, aboliendo toda dicotomía, quizá el llamado tercer ojo solo sea la capacidad intensificada de observarse. Docente que medita cotidianamente eleva su nivel vibratorio hasta el punto de instalarse en su centro, en esa zona de poder desde la cual su presencia se viste de plenitud y su silencio se torna elocuente.

El auténtico educador sabe que la educación tiene que partir contemplando la vida, esa existencia que nos narra en forma de parábolas y metáforas las verdades más profundas, reservadas para quienes están preparados. Meditar es superar la dualidad, ir más allá de la dicotomía y convertirse en lo que haces, de manera que fusionado tu Ser con tu Hacer te habilites para saborear la unicidad, esa suprema sensación que te permitirá degustar la eternidad que es el tiempo del otro Universo.

Meditar es desviarse de lo convencional, evocar nuestra esencia, de cuando éramos habitantes de otro tiempo, cuando vestíamos otra apariencia; meditar es deletrear en silencio todo el abecedario de esta existencia, presintiendo que esta experiencia no va a repetirse. Meditar es elevarse de esa curiosa condición humana que hizo de la somnolencia su condición natural y con inédita valentía conjugar esta existencia con pasión y sin apego. Al meditar nos encontramos en capacidad de comprender las señales de los tiempos, clarificando de esta manera nuestra visión, desde la cual podremos imaginar y visualizar nuestra Misión, ese propósito existencial que nos impulsa a levantarnos de la cama cada día.

Meditar es por un momento olvidar las formas, las apariencias, limitarse a observar, a sentir y presentir, a descifrar los mensajes de las otras formas de vida, a hojear las huellas de los que pasaron antes; meditar es sumergirse en nuestro océano interior, es decodificar el símbolo y presentir el silencio; la vida es un acontecimiento inacabado, por ello resulta urgente desmoronar los muros de temor que intentan encarcelar nuestra consciencia. Un gato cruza por mi memoria, un convoy de pensamientos atraviesa todo lo ancho de mi último instante, para ser feliz no hace falta ningún motivo, solo darse cuenta que estamos vivos, eso tienen que saberlo sus estudiantes.

Meditar es fácil, pero antes precisas olvidar todo lo que aprendiste al respecto. Concluida la desintoxicación se trata de retomar lo que hacías cuando habitabas el planeta útero, luego cuando eras bebé y, posteriormente, cuando niño te convertías en el juego que realizabas, eso es meditación, el proceso de convertirte en lo que haces sintonizando esa sensación de unicidad reservada para quienes cultivan un silencio de calidad.

La meditación más que comprenderla es preciso sentirla; meditar es viajar a otro tiempo, a bordo de una nave espacial hecha de silencio profundo, no es la mera ausencia de sonoridad, no se trata de poner la mente en blanco, esa es una metáfora peligrosa e imposible cuando se reduce a un mero esfuerzo racional. En Occidente, todos hemos sufrido en el proceso educativo una sobre estimulación del hemisferio izquierdo que nos ha dejado en imposibilidad de controlar nuestra mente, incluso hay personas que piensan contra su voluntad.

Meditar es conectarse al macro universo luego de admitir que somos un micro universo. Es decir, la sucursal de un Universo que en su versión conocida apenas conocemos superficialmente. Meditar es primero un acto y, luego, una actitud que comienza con el alerta sereno, con el habitar conscientemente el presente, con el estar aquí totalmente como si la eternidad fuera contenida por decisión propia en el instante que tenemos. Se puede meditar con los ojos abiertos o cerrados, se puede desatar el canto o recurrir a la danza, esa sensación corporal traducida en movimientos espontáneos que deletrean la libertad y convierten al cuerpo en instrumento de un viaje a otras realidades.

No se trata de nada esotérico, no hace falta afiliarse a ninguna religión, meditar es saborear el momento convertido en lo que somos y hacemos, es acopiar las sombras de los pensamientos que tenemos, incinerarlos en el fuego del silencio y lanzar las cenizas resultantes al viento de la mente abierta. Cualquier otro pensamiento que llegase será como la golondrina que arriba con la primavera y se marcha con el otoño. No es necesario pensar que no tenemos que pensar, se trata de fluir placenteramente, abrir la mente, no aferrarse a nada, ni siquiera a la idea de no pensar, simplemente contemplarlo todo desde afuera, sin identificación, en un contexto de silencio neutral que nos convierte en observadores de nuestros propios procesos.

Desmembrada la secuencia mental, tras del ruido de la sonoridad intrascendente, casi en desuso, permanece agazapado ese silencio unificador, que actúa como medicina para el alma y tranquilidad para el cuerpo.

Meditar es beber en los manantiales de sabiduría, re-conectar con las canteras del silencio, ese idioma ancestral que habla todo el Universo, esa capacidad de recibir mensajes y decodificar símbolos. No es fácil, no es difícil, simplemente es una asignatura pendiente, un manojo de herramientas invisibles para transfigurar racionalidades convencionales y mostrarnos que habitamos una realidad multidimensional, que no estamos condenados a vivir en la superficialidad de lo unidimensional, que la infelicidad no es un destino, ni la enfermedad una condena inevitable. Meditar nos devuelve a la consciencia de nuestra dimensión cósmica, a la comprensión del origen y el destino; meditar posibilita ese vaciarse de contenidos innecesarios para mirar lo invisible y reactivar la intuición, esa capacidad mutilada de sentir y presentir, de descubrir que somos parte de algo más grande, que abundan mensajes que no estamos decodificando desde que fue bloqueada nuestra sensibilidad bajo el dominio monopólico de la razón.

Meditar es encender el fuego sagrado, recuperar la visión y, con ello, la comprensión de la Misión que cada uno transporta como encargo cósmico que da sentido a esta visita al planeta. Al meditar inauguramos la zona sagrada a la cual hemos arribado después de haber transitado por la zona de poder, en la cual podemos recuperar nuestra capacidad de producir rupturas y cambios a lo que no tiene sentido. A la zona de poder se llega después de haber abandonado la zona de confort, esa adaptación al sinsentido, esa resignación estoica en la cual nos volvemos normales para la sociedad, pero zombies para el Universo.

Si a todo ello añadimos la consciencia de las cuatro direcciones, si recordamos que la dirección Este, por donde nace el Sol, simboliza la Vida y, en consecuencia, direccionamos nuestra mirada, nuestra cabeza, en esta dirección, si nos acostados en postura fetal sobre la tierra, entonces habremos conectado con el flujo vibratorio de la vida que nutrirá nuestra intención y fertilizará nuestro crecimiento. Se pueden usar las otras direcciones más nunca el Oeste, ya que es la dirección de la muerte, con ese enfoque se enterraba a los muertos que estaban naciendo a otra vida.

Si reforzamos esta práctica con el uso exclusivo de ropa de fibra natural, si prescindimos de metales en el cuerpo y para comenzar nos limitamos a estar atentos a nuestra postura corporal, a nuestra respiración cada vez más consciente, estaremos con todos los ingredientes para saborear de un banquete de silencio, un viaje a nosotros mismos y, desde nosotros, al Universo del que somos parte.

Puedes meditar también haciendo algo que amas, como los niños que meditan con su juego favorito y se convierten en lo que hacen, desapareciendo instantáneamente sensaciones de calor, frío, hambre, sed y todo aquello que percibimos cuando habitamos otra frecuencia cerebral. Meditar es bucear en nuestro océano interior, es contemplar lo que los ojos nunca verán, es multiplicar los sentidos, dejando al sinsentido convertido en ceniza, es pintar de arcoíris al vacío y llenar de ojos el cuerpo, los cuerpos en ese momento percibidos, es ver de manera extra ocular y habitar en simultáneo pasado y futuro que también están aquí de otra manera.

Meditar es filtrar nuestra secuencia vivencial, por ello, te recomiendo que comiences el día meditando, no importa la manera que elijas ni cuánto tiempo dispongas, meditar es sintonizar otro tiempo, por ello, diez minutos de este tiempo puede ser mucho tiempo en otro tiempo. Al meditar inmediatamente, luego de despertar por la mañana estás filtrando tus experiencias previas, transmutando malos recuerdos, extrayendo como la abeja el polen del aprendizaje de todo lo que ya fue y, a continuación, abandonando el pasado, instalándote en el aquí y ahora con la plenitud de quienes saben que la vida, en su versión luminosa, solo acontece en el presente.

Antes de dormir, luego de haber concluido tu reflexión del día, es otro momento ideal para meditar, de esta manera ingresas a un descanso profundo y reparador. La meditación nocturna es solo la transición a un buen descanso, es la garantía de un vuelo lúcido, no importa que no recuerdes nada mañana. Convertida la meditación en un hábito diario, la calidad de tu vida ingresará a un itinerario creciente, al igual que tu felicidad y tu capacidad de amar y, todo esto, lo llevarás naturalmente al aula donde tu presencia será un ramo de flores, banquete para los aprendices de picaflor que nutrirán sus almas con el aroma de tu bienestar. Quiero compartir contigo a continuación, lo que no te dijeron de la infelicidad.

Hasta la próxima,

CHAMALÚ

"Vivir sin Reflexionar es caminar con la luz apagada"

"La vida es simple y profunda, mágica e impredecible"

CARTA 9

Ref. LO QUE NO TE DIJERON DE LA INFELICIDAD

Estimado Profesor / Estimada Profesora:

¿Cómo estás hoy? Comencé a escribirte a las cinco de la mañana, desperté temprano, mi reflexión matutina se anegó en la coyuntura que habito, luego de una breve meditación salí de la habitación y comencé a escribir. Me pregunto qué te preguntas, qué reflexión está generando en ti esta constelación de misivas que van llegando a tus manos. Recuerdo cuando hace unos meses me encontraba en el sur de Chile en un hotel en el bosque, presencié un amanecer que se vistió de niebla, me sentí atrapado en mi contemplación y extraviando mis nacientes pensamientos. Me pregunto cuánta gente se da cuenta lo que está pasando, lo que está haciendo, en especial cuando no está haciendo nada.

Alguno pasa con prisa, parece fugitivo de sí mismo, otro permanece inmóvil, en realidad está matando el tiempo, a ese joven le estallan los instantes en sus manos, no sabe qué hacer con su vida, estudió casi toda su existencia y ahora se aburre con estilo propio, no le queda clara la frontera entre la vida y la muerte. Estar vivo es algo más que no habitar un cementerio, he conocido muertos que son buenos trabajadores, buenos vecinos, buenos padres y madres de familia, el problema es que están muertos. La infelicidad es un síntoma que revela la mortandad del alma, la incapacidad de soñar es otro síntoma que nos habla de quienes permitieron que su intensidad existencial fuese clausurada.

Se supone que no confío en la gente infeliz, la sombra que proyectan es muy extensa, el curso de su vida, quizá sin darse cuenta, permanentemente se desvía, su personalidad es simple máscara, su preparación fue el aprendizaje de destrezas sociales para domesticar su espontaneidad. Anulada su creatividad, se comporta como el resto espera que se maneje; en la fiesta de la vida convencional está prohibido disfrazarse de sí mismo, disponer de una máscara o más de una es requisito para ser aceptado y lograr el status respectivo.

En este contexto, la infelicidad se siente jugando de local. No hace falta caminar mucho para encontrar un infeliz. Otros síntomas para identificarlos son: queja frecuente y una vida sinsentido, mirada perdida y repetición permanente de la frase consigna que todo infeliz murmura…, "no tengo tiempo". La gente infeliz cuanto menos sabe a dónde se dirige más rápido camina; otros se refugian adictivamente en el trabajo, es su estrategia para no encontrarse consigo mismos -si ello ocurre podrían darse un gran susto, prefieren no correr ese riesgo- y en cuanto dejan de trabajar, se refugian compulsivamente en las amistades, en el ocio programado, en las redes sociales donde se consuelan traficando rumores o matan su tiempo con la comunicación que incomunica denominada whatsapp.

Desde hace un rato se oía afuera el rumor de pasos, no importa quien sea, la gente camina rápido cuando no sabe a dónde va, se da prisa para tener más tiempo que perder; hay puertas que se abren, otras se cierran; hay gente que no madura, que directamente se pudre, la infelicidad es un síntoma de este proceso, me pregunto, ¿qué porcentaje de los más de siete mil millones que habitamos en el planeta será infeliz? Si recurrimos a la democracia, sin duda, son mayoría; hay quienes transportan sus cadenas a donde se dirijan y, en cuanto pueden, encadenan su libertad en nombre de la seguridad. La infelicidad tiene muchas tarjetas de presentación, a veces se disfraza de gente que vive para trabajar, otras se enfoca en desarrollar la habilidad de encontrar un problema en cada oportunidad, algunos visten el riguroso traje gris del pesimismo, convencen a su cuerpo que todo está mal y así les va, otros persuaden a su cuerpo usando el idioma del miedo, que están enfermos, somatizando a continuación la enfermedad que temen; últimamente, se está poniendo de moda nefasta el graduarse de depresivo, pasando a acampar en un vago confín de incertidumbre y nomeimportismo, quizá presintiendo -sin decirlo- que la infelicidad es solo la forma anticipada de la muerte en vida.

Amanece, sigo pensando, continúo escribiendo, hay que tener valor para vivir bien, más valor aún para contagiar esa vibración a las nuevas generaciones que anhelan sin saberlo puntos de referencia válidos para que actúen como factores de inspiración, siento sueño, creo que el tema en el fondo me disgusta. Soy un convencido que la infelicidad es inducida, que conviene al sistema que la gente adolezca de una ignorancia ilustrada, enfermedades constantes y una infelicidad permanente para fidelizar al cliente y garantizar que compre lo que no necesita.

Es obvio que la gente feliz no es rentable, compra menos y piensa más antes de refugiarse en el consumismo. Inventariemos a continuación las causas evidentes de la infelicidad, luego de señalar que esta es fabricada. En verdad, en este modelo de civilización la infelicidad se estudia, se aprende, se contagia, se recomienda, se induce: es una estrategia de mercadeo. ¿Te imaginas la incomodidad de un gobierno ante una población mayoritariamente lúcida, sana y feliz? Los gobiernos de turno precisan una ciudadanía entrenada para la producción y el consumo, pero sin lucidez ni pensamiento crítico.

¿Qué hace la escuela al respecto? Ya sabemos lo que hace, lo que está haciendo, dice la biblia: "Por sus frutos los conoceréis", y los frutos abundan; cárceles cada vez más grandes, más manicomios, más pandillas, más inseguridad y violencia, más drogadictos, más alcohólicos, más suicidios, más depresivos… Dejémoslo ahí, no vayamos a bajar la calidad de esta misiva inventariando las heridas que deja esta civilización necrofílica.

La gente fue cuidadosamente entrenada para no darse cuenta cuándo le enseñaron a complicarse, a competir con el prójimo, a depender del otro con características de apego y dependencia garantizando de esta manera el sufrimiento. La gente es inducida a vivir en el pasado, con culpa y remordimiento, ahí aparece el infierno y la ira divina o vivir con miedo al futuro, como si la seguridad fuese posible. Los miedos son inyectados desde la más temprana infancia, solo unos pocos eran necesarios y parte del instinto de supervivencia, en la actualidad hay tantos miedos que sería una pérdida de tiempo enumerarlos. Ningún miedo inducido es necesario, superarlo es deber de todo educador -una vez comprendida la causa que lo introdujo a tu vida-, de esa manera también podrás ayudar mejor a tus estudiantes a superar sus propios miedos.

El estilo de vida recomendado entrena a las personas a vivir sin conocerse, mutilando su capacidad de expresar lo que sienten, a menudo se les induce a vivir una mentira; por un lado, son incapaces de decir No a lo que rechazan, por otro, saben bien cómo reprimirse, saben cómo aparentar que todo está normal, conocen las destrezas sociales y simultáneamente nada saben de sí mismos. Algunos fueron entrenados con rigor para ser egoístas, para sentir envidia, para ser perfeccionistas y complicarse con detalles, a discriminar al otro cuando su autoestima lo permite. La intolerancia a la diversidad cultural ahora, más que nunca, se hace evidente.

No tienen tiempo para sí mismos, para meditar y reflexionar, trabajan en lo que no les gusta después de haber estudiado algo que les desagrada solo para garantizarse el poder adquisitivo con el cual participar del mercado, desde el status elegido. La infelicidad también se instala cuando uno no sabe vivir el presente y la mayoría no lo sabe, cuando el pesimismo en su versión realista se convierte en actitud ante la vida, cuando se vive únicamente para trabajar, cuando se descuida la salud y se reprimen las emociones, cuando el sedentarismo es el estilo de vida elegido y la rutina garantiza ausencia de disfrute.

La infelicidad en ese contexto manipulatorio adquiere muchas formas: el estrés es otra presentación y la soberbia, es decir, actitudes egocéntricas que generan rechazos. Gradualmente esto se convierte en no saber aprender de la vida, lo que refuerza rigideces y actitudes negativas que, junto con la total ausencia de trabajo interior, garantizan infelicidades duraderas.

La infelicidad es aprendida desde la infancia, los hogares sin armonía son las mejores escuelas de infelicidad, el ver a las familias en permanente conflicto, contemplar al padre o la madre infelices, deprimidos, otorgan buenos malos ejemplos que tienen más fuerza persuasiva que la palabra y el consejo. La presencia de hermanos mayores que abusan a los menores es otra manera de entrenar a los niños para la infelicidad, así como el favoritismo tanto en la casa como en la escuela. Con estas actitudes, están sembrando las semillas de la infelicidad.

Descuidado el trabajo interior, enfocada la energía tras objetivos falaces, desprovisto de pensamiento crítico, a la gente no se le ocurre otra cosa que ser infeliz. Quien no es feliz se podría decir con seguridad que no ejerce sus inteligencias. Hay muchas maneras de ser infeliz, incluso algunos desarrollaron con la práctica un original estilo de infelicidad que hasta se parece a la felicidad, como una moneda falsa. Creo, sin embargo, que no podemos quedarnos aludiendo a la infelicidad convertida en pandemia, globalizada con majadera insistencia y posicionada como normal, la infelicidad es absolutamente anormal y totalmente evitable, esto tienen que saberlo las nuevas generaciones, esto debe abordarse en el aula y desde cada materia destinar parte del tiempo a la reconstrucción de la capacidad de ser feliz. Comencemos dando buen ejemplo, empecemos declarándonos felices. Para quienes esto les parece imposible, podrían comenzar decidiendo ser felices día por medio, de esa manera, poco a poco, se irán convenciendo de la importancia y facilidad de ser feliz. De eso precisamente quiero hablarte en la próxima carta, porque ser feliz es fácil y está al alcance de todos, simplemente precisaremos redefinir la felicidad. Resulta que ella no es una meta al final del camino, en verdad es el camino a la vida en su versión plena.

Hasta la próxima,

CHAMALÚ

Urgente ¡VIVE TU PASIÓN!

SOÑAR ES SEMBRAR FUTURO

CARTA 10

Estimado Profesor / Estimada Profesora:

Anoche soñé que todos eran felices, quizá fue una pesadilla o esta, tal vez, comenzó al despertar luego de tropezarme con la primera queja, esa sensación de inoperancia existencial, síntoma indisimulable de la infelicidad.

Las fronteras entre lo bueno y lo malo parecen difusas, a nadie parece importarle la virtud ni los principios elevados, la puerta a la estupidez es corrediza, si no estamos atentos, desde cualquier situación podemos aparecer en ella y haciéndole juego al sistema que condenamos. No hay un número preciso de errores necesarios, lo bueno es que podemos aprender de errores ajenos, hay quienes decidieron sacrificarse permanentemente y llevar una vida oxidada y sin sentido.

Los sermones de los políticos de turno quedaron agotados, su incoherencia los desgastó. Hoy es el primer día de hoy y también el último. La gente vive como si la vida fuese segura, como si tuviera el futuro garantizado, pierden tiempo sin darse cuenta que este es un recurso limitado y no renovable; el paraíso no está perdido, la felicidad es su sinónimo.

Comencemos redefiniendo la felicidad, ella no es una meta al final del camino, es el camino mismo, el sendero a la vida plena. Para ser feliz no hace falta mucho dinero, eso deben saber nuestros estudiantes, la gente que más se suicida es gente con dinero, incluso con mucho dinero. La felicidad tampoco es una emoción, ello nos remite a algo muy pasajero y fugaz, la felicidad es nuestra condición natural, es el estado básico de una consciencia despierta. Para ser feliz, el único requisito indispensable es darse cuenta que estás vivo y que esta visita a la Tierra tiene fecha de caducidad.

Cada uno definirá las características de su felicidad, ella no cabe en ninguna receta ni se lleva bien con posturas rígidas. Soy Chamalú, me declaro feliz, porque la felicidad comienza con una decisión. Un día me dije: "Decido que mi cuerpo sea mi altar y donde sea que me encuentre será mi zona sagrada, porque lo sagrado es consecuencia de una mirada, de una actitud de reverencia. Decido que mi felicidad será auto-gestionada, que nada ni nadie podrá interferir en ella, tampoco ninguna ausencia modificará la felicidad que desde hoy elijo como mi estilo de vida".

Levanté mi campamento en el terreno de la felicidad, su topografía es variable, la auténtica felicidad es todo terreno, no depende de nada ni nadie, no se extravía con el dolor momentáneo ni se interrumpe con la tristeza que simplemente es otro color de la misma felicidad. Mi felicidad nace cada día, se levanta conmigo de la cama y tiene la forma del agua, la sostiene la consciencia de estar vivo. Cada día me doy cuenta que estoy vivo, me encanta el regalo de la vida, me fascina abrir los párpados y degustar colores, escuchar el canto del pájaro y, por las noches, contemplar como acampan las estrellas en el terreno misterioso de la oscuridad. Me gusta el resplandor de la luciérnaga que no se accompleja con el tamaño de la noche y el entusiasmo del delfín, él sabe que la vida es un juego, que no vinimos a complicarnos.

Anoche estuve a punto de hablar con un árbol, lo sentía tan vivo, sentí por un instante eterno que todo está vivo, que todo es uno, que permanecemos interconectados a todo nivel, que la vida es un tejido multicolor que precisamos descubrir y agradecer, que es suficiente estar vivos para ser felices. Entonces, desde dentro una voz me dijo: bienvenido a la vida. Hago una pausa, observo la arquitectura de mi silencio esta mañana, guardo espacio para la música, enciendo mi favorita, veo adentro y afuera, me siento feliz sin motivo, cualquier preocupación vigente se desintegra por completo, imagino el día que quiero regalarme hoy, me invento nuevas maneras de aprender, contemplo cómo la música camina sobre la piel del silencio, creo que prefiero ignorar algunas cosas, esta noche me reencontraré con el silencio, me digo a mí mismo. Entretanto, el cuerpo de una mujer se desplaza dejando huellas de sensualidad, se encuentra con la música, convierte su cuerpo en movimiento, hay algo en el cuerpo de esa mujer, creo que la música se metió dentro y comenzó un movimiento sísmico exquisito. La felicidad es una decisión, insisto.

La felicidad es una manera de ir por la vida, respiro profundo, te confieso que mi opción por ella es irreversible. Suena el teléfono, le comento que estoy escribiendo sobre la felicidad, me pregunta cómo ser feliz, aquí transcribo un resumen de lo que le dije: "te sugiero volverte experto en automotivación, así no dependerás de nadie, acostúmbrate a generar pensamientos positivos, encuentra -siempre es posible- algo positivo en toda situación; si estás con otras personas intenta ponerte en el lugar de ellas, comprende antes de ser comprendido y, a continuación, simplifica tu vida, para posibilitar que la complejidad que le caracteriza se desplace con naturalidad. Desenfunda tu creatividad, la vida es un juego, un breve juego que debemos aprender a jugar con impecabilidad antes que nos pidan devolver el vehículo corporal con el que nos permitieron visitar este planeta".

Anoche dormí con la felicidad y esta mañana ella se levantó conmigo de la cama. Temprano, al salir con los perros a la calle la vecina no me devolvió el saludo, mi felicidad se mantuvo intacta, hace mucho que deje de dar poder a otros para decidir sobre mí. Creo que la felicidad tiene que ver con la soberanía existencial, esto es la capacidad de depender de uno mismo para todo, el resto es simplemente compartir mi felicidad con otros y dejar que mi libertad se pasee con otras libertades. Es importante valorar la vida, es un acontecimiento único, comencemos el día con entusiasmo y fervor, hay tantas cosas que caben en un día. Valora cada oportunidad y agradece lo recibido y aprendido, vivir es explorar en la zona de misterio, de la mano del asombro, implícate totalmente en la vida, conviértete en lo que haces, entonces descubrirás que el aula se convierte en el lugar favorito de tus estudiantes que años después te recordarán como la persona que más influyó en sus vidas. ¿Sabías que mientras alguien nos recuerde no habremos muerto del todo?

Todo lo que hagas, por muy pequeño que sea, hazlo bien, da más de lo que te piden, haz las cosas por el placer de hacerlas, recuerda que vivir es elegir y que somos consecuencia de las decisiones que un día tomamos. La felicidad es el primer aprendizaje a realizar, es lo primero que deben recuperar nuestros niños y niñas, y el más importante aprendizaje para los jóvenes, porque desde la felicidad se aprende a amar. No es posible el amor sin haber previamente cultivado la felicidad. ¿Ya te declaraste feliz? Está bien, al terminar esta carta puedes hacerlo y luego contagiar esta lúcida decisión, tus estudiantes se darán cuenta de inmediato, porque la felicidad reorganiza nuestro campo energético y la energía no miente.

Toda persona que se respete deberá encaminar la vida hacia su felicidad. La felicidad nos devuelve la creatividad y las ganas de vivir, nos clarifica la búsqueda y todo parece posible, porque nos reconstruye el entusiasmo y este se lleva muy bien con el humor que equivale a pintar de colores incluso a los problemas, que en vez de difíciles se tornan divertidos. La persona feliz es capaz de reírse de sí misma, eso es ya principio de sabiduría; la felicidad nos lleva al punto de disfrutar de todo lo que pasa, en especial de los problemas que para el feliz son valiosos recursos fortalecedores.

La felicidad al reorganizar nuestro campo energético remodela nuestra personalidad y genera en nosotros una presencia magnética y atractiva. Al tomar las riendas de nuestra vida desarrollamos la capacidad de transmutar lo inferior en superior, desplegando una gran habilidad de fluir descomplicadamente por cada una de las circunstancias que implica estar vivo. La gente feliz, descubre la importancia del autoconocimiento, el placer de estar vivo, la magia de cada día, la pasión desapegada que se convierte en su estilo de vida. La imperturbabilidad es otra característica de quienes se declararon felices, porque gradualmente desarrollan la destreza de canalizar adecuadamente sus emociones, de compatibilizarlas con sus intenciones y plasmarlas en sus relaciones.

La capacidad de soñar es otra característica de los felices y, junto con ello, esa rebeldía que le impide adaptarse a lo que no tiene sentido. La gente auténticamente feliz sabe que ese bienestar emana desde dentro, que no tiene relación con la fama ni el dinero, que no es cuestión de status ni diplomas, que no es la suerte ni la voluntad divina, sino una opción oportunamente elegida, voluntariamente construida y cotidianamente desplegada a lo largo y ancho de toda su existencia.

Ser feliz es posible, si estamos dispuestos a repensarnos y rediseñarnos, si aceptamos pagar el precio que quizá incluya críticas e incomprensión, alguna ausencia y sospechas respecto a nuestra salud mental. La felicidad es posible a pesar de las difíciles circunstancias que nos toque vivir, cuanto más difícil sea la situación, más impactante será la huella inspiradora que dejaremos en quienes nos conocen. Quiero despedirme recordándote que la infelicidad es un pecado, que la felicidad es lo único natural y ella comienza desde el momento que tú decidas, traducida en otra mirada, otra modalidad interpretativa y el interminable asombro que incluye aprender de todo lo que pase. El resto, será el contagiar jubiloso de esta actitud a tus estudiantes; es probable que tus átomos felices se diseminen en el aula y que tu presencia, incluso silenciosa, sea la mejor lección de vida que nunca habías dado. Bienvenidos los felices, ellos serán los que repoblarán el planeta de auténticos seres humanos. Aprender a aprender es el tema que nos reunirá en la próxima cita. Espero verte en ella.

Hasta pronto,

CHAMALÚ

"En la escuela de la vida es bueno que no todo salga bien, un problema es una provocación a la creatividad"

"La Rutina Desconecta la Inteligencia"

CARTA 11

Ref. APRENDER A APRENDER

Estimado Profesor / Estimada Profesora:

No comienza la vida sin el segundo nacimiento, eso lo tenían claro en todas las culturas que permitían que uno, en ritual transformador, alcanzada una edad en la que estaba consciente de los acontecimientos, tomara un nuevo nombre y se iniciara a la vida. Da la impresión que alguna gente ha caído a la vida; quemante ha de ser la existencia de quien no aprendió a vivir oportunamente. No permitamos que eso ocurra con nuestros estudiantes, la pasión de la juventud es el fuego que debemos enseñar a direccionar, el mundo actual no perdona a quien no sabe manejar su energía.

Oigo pasar la vida, contemplo desterrada a la felicidad, no hay escuelas para aprender a vivir, la cabeza permanece separada del corazón, las semillas de los talentos se almacenan inéditos, es probable que pasen toda la vida sin germinar; ante la ausencia de escuelas de sabiduría la educación se reduce a formación técnico académica. Se forman buenos trabajadores, totalmente ignorantes de la manera de realizar el trabajo interior que los transforme y humanice.

Afuera canta un gallo, lo silvestre resulta escaso, casi exótico, una brisa fugaz levanta un rumor en forma de polvo, se derrama el agua que bebo, me encuentro en este momento a solas con un diccionario, mi habitación está llena de ideas, algunas están desparramadas por el suelo, creo que también despertó una piedra azul, parece contemplarme desde su mirada oceánica. El diccionario es un sindicato de palabras dormidas, un armario donde el lenguaje reposa esperando una oportunidad. La Tierra continúa su movimiento, el Sol ingresa impunemente por la ventana y acaricia mi cuerpo, pienso en el calentamiento global y cómo la ignorancia vestida de prepotencia lo niega, en cualquier momento se le ocurrirá derogar la ley de gravedad.

Aprender a aprender es el primer deber del humano que quiere consolidar su humanidad, se trata de construir al aprendiz, ese que aprende de todo lo que le pasa, incluso aprende de los errores y aciertos de los demás, a ellos posteriormente les agradece en silencio. Para el aprendiz toda la vida es una escuela, los problemas son desafíos, oportunidades para crecer y disfrutar. Recuerdo por un momento algunas clases aburridas que me tocó atravesar en la escuela, es difícil aprender cuando nos cae mal el profesor, es imposible aprender si estamos aburridos, si no disfrutamos de lo que está aconteciendo.

Aprender a aprender para un docente se traducirá en la conversión del aula en un clima agradable donde los estudiantes descubrirán el placer de aprender, por ello el docente deberá primero convertirse en un aprendiz empedernido, una persona que donde sea que se encuentre siempre encuentre circunstancias de aprendizaje, hasta llegar a convertir el aprendizaje en un juego que juega con pasión. Que tus estudiantes confíen en que pueden aprender mucho de ti, que disfruten de aprender, que se apasionen por aprender, entonces estarán en condiciones de iniciarse en el interesante mundo del desaprendizaje. Desaprender es la desintoxicación previa a todo aprendizaje profundo y transformador. La construcción del aprendiz implica abrir la mente y desplegar el alerta sereno para ir por la vida atento como un felino, en aprendizaje constante, en realidad, éramos aprendices natos hasta que la escuela interrumpió esa tendencia.

Permanece atento a cada oportunidad, prioriza, así ahorras tiempo, simplifica y todo será más fácil, preserva una actitud positiva pase lo que pase. Aprender reflexionando es una de las mejores maneras de aprender, sin descartar el aprendizaje por intuición; permítete descubrir algo nuevo en lo que ya conoces, recuerda, primero aprende a aprender y, luego, aprende a aprender, en colaboración, de todo y de todos sin olvidar que el contenido es tan importante como la manera, en un contexto en el que la vida misma es la principal escuela. Si logras ser un buen aprendiz, serás sin duda un excelente maestro. Si aprendiste a convertir los problemas en oportunidades de aprendizaje podrás enseñar desde tu vivencia no a repetir sin comprender, sino a desarrollar la capacidad de aprender. ¿Sabías que el estudiante que confía en que puede aprender aprende más rápido? Mira la manera que tiene de aprender cada uno y su ritmo, su propio ritmo, plantéales desafíos, que aprendan a aprender siempre y en todos lados, enséñales a manejar sus emociones para que estén con la emoción precisa en el momento justo, simultáneamente, logra que el estudiante comprenda la importancia de aprender para la vida.

¿Te preguntaste si tus alumnos realmente quieren aprender? Caso contrario primero motívales, induce a que participen, a que se involucren, mantén su atención, respeta las discrepancias, promueve los debates y la crítica constructiva, que los alumnos aprendan a fundamentar con profundidad su posición, que los estudiantes aprendan a evaluarse entre sí y a ser autocríticos con lo que hacen y dicen.

Valora la participación y el aprendizaje activo y colectivo, estimula su curiosidad, que se pregunten con frecuencia, que se conozcan en profundidad, logra que duden y reflexionen, recuerda que las recetas generales no funcionan; descubre cómo aprenden tus estudiantes, toca sus emociones, alude a lo que les interesa. Esto es excelencia al enseñar.

Manejada de esta manera, la relación será positiva con tus estudiantes. Asegúrate que tus explicaciones sean claras y divertidas y que estés fomentando la autosuficiencia, asegúrate que induces a investigar a cada uno por su cuenta, que felicitas el trabajo bien hecho y que agradeces la iniciativa personal y la solidaridad. Se trata de combinar exigencia con flexibilidad, de contribuir a la formación de cada uno sin distorsionar su naturaleza. Se trata en definitiva de prepararles para la vida y que cada uno avance a ritmo propio.

Dejaremos de profanar la vida si aprendemos a aprender y ayudamos a encender la luz que cada alumno trae en vez de llenarlos de información, entonces, repoblaremos la noche de luceros y contribuiremos a encender un futuro luminoso. Te invito a que continuemos este diálogo, abordando el tema del amor desde otro paradigma. Te espero en la próxima carta.

Hasta pronto,

CHAMALÚ

"EDUCAMOS PARA QUE CADA ESTUDIANTE DESCUBRA SU MISIÓN Y LA CONVIERTA EN UN ESTILO DE VIDA"

"La excesiva especialización, enceguece"

CARTA 12

Ref. EL AMOR NO ES LO QUE TE DIJERON

Estimado Profesor / Estimada Profesora:

Con frecuencia me preguntan respecto al amor. Antes pensaba que el amor era un arroyo cristalino, que a veces se presentaba con bravío oleaje; con el paso del tiempo y los recuerdos, llegué al convencimiento que el amor es serpenteante vibración, con fulgores revitalizantes y unicornios alados. Desde el amor todo es posible, la utopía con tren de aterrizaje y la eternidad en un instante. Se aprende a amar creciendo la consciencia, purgándose de toda contaminación adquirida en el proceso civilizatorio y enfatizando en el trabajo interior, porque el amor en el fondo es un nivel vibratorio que nos habla de sensibilidades y otros amaneceres.

El amor es un pedazo de eternidad color arcoíris, es la campana transparente que tañe música y fabrica mariposas, es la flor que acapara colores y aromas, es el espíritu luminoso enamorándose de su visita a la Tierra, es la zarza ardiente en versión de cada uno, es la lluvia de pétalos y la danza de átomos felices jugando a vestirse de ondas o partículas, es el sueño consciente de su fugacidad otorgando intensidad a cada mirada, intencionalidad a cada acto, luminosidad a cada presencia. Cada vez que me piden que defina el amor solo siento ganas de arrodillarme para que ardan las palabras y con sus cenizas construya nuevos silencios.

El amor no es una emoción, es un estado de consciencia, es un juego sagrado, el arquitecto de tu evolución consciencial. Amar es conectarse con el chej-pacha, con el orden cósmico, es un estilo de vida que comienza aceptándose para luego embarcarse en las transformaciones necesarias; amar es una sagrada oportunidad para crecer, por ello no importa si los otros merecen ser amados o no, lo mereces tú, si así lo decidiste. Amar es apasionarse por la vida, desapegadamente, amar es ayudar y ayudarse, amar a alguien desde la consciencia no suprime su libertad ni independencia.

El amor no es una meta, es el camino a la vida plena, es decir, es la manera que la evolución adquiere para continuar su proceso; el amor no tiene medida, su lucidez implícita le otorga la capacidad de decidir intuitivamente; el amor es el emperador de las emociones que vibra en otra frecuencia, es simultáneamente práctico y soñador; el amor multiplica la felicidad y cuida todos los detalles existenciales; el amor es acción más pasión más sanación, garantizando así evolución a tu consciencia.

Para los docentes el amor es un deber existencial, es el requisito que les permitirá pasar por el control de calidad que pide como mínimo excelencia existencial. No se trata de ser perfeccionista, se trata de amar incondicionalmente, de perdonar cuando corresponde, de olvidar los errores, de vencer el miedo y el egoísmo, de permitir salir a tu niño interior y atreverte a amar, amar siempre, amar sin motivo, porque como sabemos el amor no es una meta, es el camino a la vida plena.

No aceptes otras emociones, transmútalas si se presentan inadecuadas; siente que amas, traduce tu amor como vibración predominante en acciones de servicio incondicional, en mirada amorosa que llenará de luz el aula. Una mirada amorosa puede salvar el día a un niño que fue agredido emocionalmente en un hogar destruido, compartir palabras amorosas pueden cambiar de opinión al joven que había decidido suicidarse y usar la droga como evasión. Amar es confiar, cambiar lo que puede cambiarse y aceptar lo que no puede modificarse. El amor del que te hablamos, que emana del trabajo interior, nada tiene que ver con celos y apegos, como la energía más poderosa tiene un gran poder transformador y sanador, por ello es especialmente importante amar a los que no conocen el amor, sin olvidar que el auténtico amor no pide ni espera devolución; el amor no idealiza al otro, idealiza a la vida. Como educador que eres, deja huellas de amor, donde sea que vayas.

Tú sabes que la docencia no es una alternativa laboral como otras, es un apostolado, es decir, un acto de amor direccionado a la creación de seres humanos amorosos. Necesitamos que los humanos vuelvan a amarse, precisamos educar seres humanos que sean capaces de amar incondicionalmente luego de descubrir que el amor los hace más fuertes, más lúcidos, más luminosos. Se aprende a amar creciendo, ya lo sabes, para crecer es preciso transformarse y, para ello, es necesario haberse conocido, esto ocurrirá cuando hagas de la observación, en un contexto de alerta sereno, tu estilo de vida.

La docencia es el escenario preciso y precioso para desplegar las alas del amor, es el contexto ideal para miradas amorosas y vibraciones sanadoras, es la circunstancia ideal para sanar heridas invisibles en nuestros estudiantes, para endulzar sus instantes y pintar de colores sus tristezas, para recorrer juntos el huerto de su jardín y nutrir las raíces de su alma y sembrar optimismos y cultivar semillas de estrellas que germinen luces con las cuales en el futuro enfrenten nuevas oscuridades. Ese huerto un día producirá encendidos frutos y sus ramas dispondrán de la flexibilidad necesaria para danzar con los cambios y fortalecerse con las adversidades.

Amo porque existo, existo por que amo. Recuerda que la oruga que ama se convierte en mariposa. El amor tiene un efecto colateral maravilloso, me refiero al perfil liberador que inevitablemente posee. De eso quiero hablarte en la próxima carta.

Un abrazo,

CHAMALÚ

"La educación debe prepararnos para manejarnos bien en las más diversas circunstancias"

"Quien no da forma a su vida, será deformado por él día a día"

CARTA 13

Ref. LA LIBERTAD NO ES UN DERECHO, ES UN DEBER

Estimado Profesor / Estimada Profesora:

La libertad es un tema crucial, hay quienes se llenan de cadenas y adicciones en nombre de ella. La vida permanecerá inconclusa sin libertad, el cielo conservará negros nubarrones, incluso la sonrisa de quienes están en una prisión tiene un perfil triste. Las paredes de la vida de quienes carecen de libertad son grises, la oscuridad rueda en las cuatro direcciones, el naufragio existencial parece un destino y la infelicidad aparece colgada en todos los instantes.

Ser libre incluye tener la fuerza flexible de la hierba que cede al paso del huracán, danzando con esa indómita presencia, permaneciendo intacta mientras que postes y casas son arrancadas de cuajo. Ser libre incluye reconciliarse con la inseguridad, cultivar la lucidez, asumir la responsabilidad de estar vivo, interceptar los temores y difundir el bienestar como un rumor. Ser libre es apoyarse en la serenidad, cruzar todo lo ancho de los prejuicios, lanzar al basurero a la opinión pública y escuchar atentamente la voz de la conciencia.

Los libres no carecemos de miedo, simplemente los hemos domado, en cambio estamos radicalmente purgados de apegos y adicciones por innecesarios; identificamos con rigurosidad necesidades falsas para descartarlas, nos refugiamos en el silencio reflexivo y brotamos con cada nuevo aprendizaje. Somos libres, agradecemos la presencia y la ausencia, cruzamos la existencia con entusiasmo, descansamos con la mirada atenta y el corazón agradecido. Somos libres, nos atrevemos a ser nosotros mismos, presentimos que a eso vinimos a la tierra, a continuar un proceso evolutivo que proviene de otros tiempos, por eso nuestra alma palpita cuando encontramos sabiduría, poblamos nuestro campo energético, bebemos enseñanzas con fervor y nos sumergimos en nuestra esencia, hacemos y saboreamos la unicidad que nos recuerda lo que en el fondo somos.

Educador a ti te digo: "deja que tu libertad sea el ejemplo inspirador para tus estudiantes, permite que tu libertad se pasee libre ampliando límites y cometiendo las transgresiones necesarias para seguir adelante". Licenciado en libertad, Profesional en libertades y ramas afines, ¿te imaginas ese título? En el fondo, la gente libre está preparada para todo, para aprender sin tregua y convertir la oruga en mariposa, para extender su atrevimiento y transitar incluso por terrenos prohibidos e imposibles; si tu libertad emerge de un contexto de coherencia tienes derecho de infringir algunas normas, aquellas que coartan tu libertad y abrir tus alas sin remordimiento. La vida con estas características no va a repetirse.

Eres docente, estas condenado a dar buen ejemplo, no es perfección, ella podría resultar aburridora, es coherencia creciente; reduce tus necesidades para ampliar tu libertad, identifica miedos, obsesiones, prejuicios, creencias impuestas y descártalos definitivamente. Renuncia a la queja, romper cadenas es posible, es más higiénico no usar cadenas. Olvida lo que te molesta, de esta manera tu libertad permanecerá intacta, sé dueño de tu mente, de tus emociones, de tu vida, no aceptes vivir al ataque o a la defensiva, ello desgasta tu energía y distorsiona tu visión, no vivas para trabajar, eso también es cuestión de libertad. Renuncia a las quejas, al mal humor, a la tendencia a complicarse. Si quieres ser de verdad libre, tendrás que tomar nota de todo esto, recuerda que la libertad, también es una opción.

Ser responsable amplía nuestra libertad más aún cuando hacemos lo que amamos, cuando reducimos nuestras necesidades y elevamos la calidad de nuestra vida. Ser libre es simultáneo control total y flujo total, es decir, equilibro, porque solo quien es libre controla su vida, solo los libres eligen cómo quieren vivir, el resto, se adapta o resigna. Un docente por coherencia y dignidad precisa disponer de una amplia libertad, de la suficiente independencia existencial como para ser él mismo, pero lo mejor de él. No cedas a nadie el poder de ponerte mal, ni siquiera bien; maneja tus emociones, tus intenciones, tus relaciones con soberanía e independencia; la libertad es para crear, para crecer, para ser tú mismo, se trata de lograr la autodeterminación existencial, esa soberanía vivencial que te haga imperturbable.

Prepárate para planificar sin dejar de ser experto en improvisar, ten claro tu norte, lo que quieres ser y hacer, redefine tu libertad, juega con tus propias reglas, no importa lo que digan de ti, sin embargo, no abandones el terreno de la coherencia. Sé auténticamente tú, amigo de la soledad y el silencio, por ejemplo, viajar solo a veces es un tónico para el alma y para mantener flexible tu flexibilidad, ayuda a conocerte más profundamente, te ayuda a improvisar y mejora tu capacidad de interrelación, a veces incluso viaja sin fecha de retorno, solo fluyendo y disfrutando, mas siempre reserva el derecho de poder decidir cuándo regresar.

Asume la responsabilidad de tu vida, descarta echar la culpa a otros. Ser libre es tomar las riendas de tu vida, disfrutar de tu espontaneidad y ampliar tus límites cuando sea preciso; si eres responsable podrás enseñar a ser responsables a tus estudiantes, si eres espontáneo podrás fomentar la espontaneidad en los niños y jóvenes, que canten y dancen, que lloren cuando lo necesitan. Si eres autosuficiente podrás enseñar a ser autosuficientes y no depender de nadie, si eres libre respetarás la libertad de los demás, déjale ir cuando quiera irse y no dejes de tener claros los límites y las reglas de juego.

La libertad se amplía con el trabajo interior, con el autoconocimiento, entonces tu norte estará claro y tu vida regulada por principios, tu consciencia en permanente crecimiento será tu máxima autoridad; la gente libre se niega a sobrevivir o vivir mal, sabe que somos la única especie libre y por libre incompleta, que venimos precisamente a completarnos, eso da sentido a la vida y calidad a lo cotidiano. Ama la vida y sus sorpresas, celebra tus logros, saca tiempo para ti, comienza a vivir libre desde ahora; ser libre es vivir como eliges, hacer lo que amas, mantener solo relaciones satisfactorias de crecimiento y disfrute. Permítete explorar todo, a veces rompe tus reglas (solo a veces y cuando ello no te afecte); prioriza siempre, permítete excepcionalmente hacer algo que no haces habitualmente, adáptate con facilidad, nunca te sientas culpable; la gente libre no transporta remordimiento ni culpa, aprende lo que necesitas saber, aquello que te gusta, rodéate de personas positivas, de buenas influencias. Organiza tus finanzas para poder vivir como quieres, mejor si logras llegar al punto de trabajar sin jefe o tener ingresos pasivos. Nunca más aceptes lo que te oprima, ¿quieres ser libre? Comienza por conocerte y no olvides llevar al aula todo lo que estas aprendiendo y explorando.

Docente que no dejó morir sus alas puede enseñar a sus estudiantes a volar.

Saber evitar las enfermedades es otro tema fundamental en la formación del nuevo educador. Quiero compartirte mis secretos al respecto en la próxima carta.

Hasta pronto,

CHAMALÚ

"SIN FLEXIBILIDAD NOS HAREMOS PEDAZOS EN LA VIDA"

"Proponemos la igualdad sin suprimir la diversidad"

CARTA 14

Ref. APRENDER A NO ENFERMARSE ES POSIBLE

Estimado Profesor / Estimada Profesora:

El mundo está enfermo, quizá la infelicidad sea una enfermedad. Me toco el rostro mientras pienso, constato que estoy con crema de coco, es el mejor aliado de la piel y combinado con un masaje relajante resulta espectacular. Me limpio los dedos, retomo la escritura, la salud depende más del estilo de vida, de los hábitos cotidianos que de la genética; la mayoría solo se acuerda de su salud cuando la ha perdido.

Soy devoto de la vida, entonces debo cuidar mi salud, sin ella nada tiene sentido, nadie vino a la tierra a sufrir. Me preguntan con frecuencia en mis conferencias si es posible vivir sin enfermarse, totalmente posible, respondo. Siento mis latidos, estoy vivo, la comida rápida es hojarasca, basura química con saborizante, debería enseñarse nutrición en las escuelas, pienso. El contagio es un mito, solo ocurre cuando el sistema inmunológico está deprimido, si las defensas están bajas hasta microbios benéficos podrían hacernos daño. ¿Sabías que más de un kilo de nuestro peso corporal son microorganismos que viven en nuestro cuerpo y que sin ellos no sería posible la salud y la vida?

Me acomodo en la hamaca, me encanta vivir bien, encontrar el ritmo a todo, perpetuar la primavera, la muerte no es un problema porque no tiene solución. Quien no sabe cuidar su salud y evitar enfermarse es otro tipo de analfabeto. La enfermedad es un síntoma de no haber aprendido a vivir, el consumismo termina consumiendo a sus más fervientes consumidores, la infelicidad drena la energía preparando el terreno para la enfermedad. Últimamente la gente ya no se muere, se mata con su forma de comer y vivir, con la manera como maneja sus relaciones y con su incapacidad de vivir con plenitud. Las emociones negativas son peores que los microbios llamados patológicos, con las mandíbulas se cava la tumba que prematuramente habitará quien no aprendió a vivir.

Solloza el cuerpo de los que viven dormidos, el sedentarismo es un castigo corporal, junto con la dieta toxica y la infelicidad, se convierten en el sicario de uno mismo. Es triste el final de quien no administró con lucidez su vitalidad. Son muchos los venenos que almacena la gente en su cuerpo, las células presas del pánico se desequilibran instaurando un proceso llamado cáncer, totalmente inducido por el estilo de vida.

Todo esto tienen que saberlo nuestros estudiantes, no es casual que el mundo se desplome, que se enciendan por todas partes infelicidades fabricadas en casa, incapacidad de amar, dificultad de manejar la libertad con lucidez y atentados cotidianos contra la salud. Todo docente tiene el deber de ser experto en salud y dar buen ejemplo con su óptima vitalidad; que tus estudiantes te vean ejerciendo hábitos saludables, que te vean cuidando lo que ingieres y practicando una cultura de prevención donde sea que te encuentres. Es fundamental saber relajarse, saber desintoxicarse periódicamente, hacer ejercicio regularmente, amar la naturaleza, el contacto directo con ella, evitar excesos y carencias y, por supuesto, disfrutar la vida.

Todo esto es para ti e indirectamente para tus estudiantes, ya sabes que tu ejemplo será siempre tu mejor argumento. Infórmate y capacítate en nutrición, saber alimentarse es un deber de toda persona que se respete; evita el estrés, identifica los factores estresantes, aliméntate con productos orgánicos, evitando en lo posible los alimentos transgénicos, descarta radicalmente todos aquellos productos que contengan aditivos químicos, en su reemplazo elige todo lo que nos provee la naturaleza, en especial el ajo, el jengibre, la quinua, el noni y todas las frutas, verduras y semillas que estén disponibles en la temporada donde vives.

Es importante que de manera anual o semestral, según tu estado de salud, inviertas un tiempo en someterte a una batería de diagnósticos, mejor alternativos, para ver cómo está tu salud, detectando a tiempo excesos y carencias, en algunos casos resulta, en esta época, necesario recurrir a suplementos nutricionales, infórmate al respecto. Es importante que tu dieta tenga un equilibrio entre crudo y cocinado, entre frutas, verduras, cereales, legumbres y semillas, y es importante también rodearse de personas que amamos mientras nos alimentamos, evitando usar el tiempo de las comidas para resolver negocios.

El ritmo de vida actual es antinatural y antisaludable, muchas enfermedades responden a la manera como se vive en la actualidad. Es importante que los niños y jóvenes aprendan de nosotros a cuidar su salud y su vida, es imprescindible que aprendan a alimentarse y evitar las enfermedades, ellos tienen que saber que casi todas las patologías son evitables, que el cáncer no es una condena y que con una vida armónica y saludable es posible vivir sin enfermarse. Si a la dieta sana lo complementas con una vida activa, en contacto frecuente con la naturaleza, si eliges vivir feliz y con relaciones armónicas, si haces lo que amas y tienes una red de afecto y confianza, si te permites ser tú mismo y expresar lo que sientes, si descansas lo suficiente otorgando a tu cuerpo la tranquilidad y oscuridad que requiere para dormir, si meditas unos minutos al despertar y antes de acostarte, si tienes la casa ordenada, ventilada, limpia y llena de plantas, si disfrutas de baños fríos breves, baños alternos frío-caliente, si ayunas un día por semana o quincena, si te hidratas adecuadamente, si evitas el azúcar, el trigo y todo producto sintético, si amas tu cuerpo y tu vida y enseñas a los demás, en especial a tus estudiantes, a hacer lo mismo, tu salud estará garantizada y tu vida dispondrá de la calidad y excelencia necesaria.

Por supuesto que tu cuerpo te lo agradecerá y el de todos tus estudiantes, nada más hermoso que tener un aula lleno de niños, niñas o jóvenes sanos. La salud y las emociones están profundamente relacionadas, es posible con la intención o la emoción generarnos salud o enfermedad. De esto hablaremos en la próxima carta.

Hasta pronto,

CHAMALÚ

"Fluir incluye extraer fuerza de la debilidad"

"Quien no se da tiempo para reflexionar, no tendrá tiempo para vivir"

CARTA 15

Ref. SI NO MANEJAS TUS EMOCIONES, ELLAS TE MANEJARÁN

Estimado Profesor / Estimada Profesora:

Observo con atención la emoción desde la que te escribo hoy, tú sabes, somos seres casi racionales, casi humanos en principio, porque lo humano lo adquirimos con el trabajo interior que no es otra cosa que observarse, conocerse, transformarse y posibilitar el crecimiento consciencial que nos lleve a recuperar nuestra sensibilidad y poder manejar nuestra energía voluntariamente. Al interior de ello, precisaremos aprender a direccionar nuestras emociones, sin rumores de descontrol ni deshojando los pétalos de lo innecesario; un momento de descuido, un impulso descontrolado y años de vacaciones en un centro penitenciario.

Hoy amanece nublado, las luciérnagas hicieron el relevo oportunamente, algunas optaron por extinguirse ante tanta estupidez urbana, las montañas se insinúan misteriosas, parecen embrujadas por la luz del amanecer, la linterna solar pronto las encandilará de cuerpo entero, develando sus secretos. Quiero hablarte de las emociones y su zigzagueante itinerario. Es verdad, las emociones escriben en jeroglífico y aparecen sin ser convocadas, poseen rápidos pies que se convierten en alas y conmemoran la sorpresa a quien no sabe domarlas; ellas serán música o ruido, aliadas de la evolución o telarañas; por la noche la luna llena se bebe una copa de vino, todo es posible si el enigma no fue visitado. El inconsciente algunas veces aprovecha las grietas de la censura y sale del anonimato revelando con metáforas su ancestral contenido.

Las emociones influyen en los pensamientos y viceversa, la acción, esa entrometida de siempre, a veces añade gasolina al fuego, mas no debemos enfadarnos contra las emociones, sin ellas estaríamos graduados de cadáveres. Se creía que el humano era un ser básicamente racional, esa es otra imprecisión del conocimiento científico que avanza refutándose a sí mismo, por ello, ahora los estrategas de ventas estudian nuestros impulsos y emociones, para vendernos lo que no necesitamos. ¡Compre hoy, pague ahora! son frases con la que inducen nuestras emociones que a su vez detonarán la acción buscada. Permanezcamos atentos, observemos cómo funciona el mundo, estemos atentos a nuestras cuatro emociones básicas.

El enfado, por ejemplo, es posible trabajarlo respirando profundo, conservando la calma, preguntándonos qué pasaría si no me enfado con esto, revisando nuestra modalidad interpretativa que a la altura del descontrol ve un problema en cada oportunidad. Observemos también al miedo, unos pocos están asociados al instinto de supervivencia, el resto son aprendidos, es decir, pueden desaprenderse, por ello, tomar consciencia de un miedo, enfrentarlo, a veces resulta suficiente para superarlo. Por su parte, la alegría es una emoción hermosa y fugaz, pero constituye la materia prima con la que podríamos potenciar nuestra felicidad que puede ser tan longeva como nosotros. Y la tristeza, con pretensión de durabilidad, debidamente abordada, puede ser reciclada y convertirse en otro tono de la misma felicidad.

Manejar las emociones significa descartar cualquier intento de represión, se trata por el contrario de saber observarlas desde su génesis y, cuando aún están embrionarias, desarrollar la capacidad de elegirlas y usar la emoción que actúe como aliada en cada situación, se trata de poner la fuerza de nuestras emociones al servicio del logro de los objetivos elegidos. También se puede postergar un enfado y cuando finalmente lo recuerdes, ya no tendrás ganas de manifestarlo. ¿Qué es lo peor que te podría pasar? En verdad lo peor no existe, es mejor tomarse el tiempo, ver las cosas desde afuera, hacer una pausa, mirarse al espejo con atención. Es importante elegir los pensamientos positivos que precises en cada situación, sin caer en autoengaños opta por el pensamiento positivo, no para pensar que todo está bien, sino para aprender y comportarte con lucidez en cada situación.

Identifica la emoción predominante, direcciona, recicla. Observa tu lenguaje corporal, reconoce también las emociones de otros y observa cómo te influyen. Recuerda que las emociones deben comprenderse, expresarse, canalizarse o transmutarse, de esa manera desarrollarás la habilidad de identificarlas y direccionarlas o, si prefieres, educarlas y ponerlas a tu servicio, evitando con tu alerta sereno, con tu atención enfocada, que se vuelvan automáticas porque ello implicaría su descontrol.

Recuerda que las emociones son reacciones anímicas activadas por pensamientos, influidas por estructuras mentales, por creencias, por relaciones, todas ellas son traducidas, son interpretadas a la luz de situaciones antes vividas. Crecer consciencialmente es aprender a manejarlas, esto ocurrirá poco a poco, comienza prestándoles atención para evitar que se hagan automáticas y se conviertan en hábitos. Desde la atención consciente te habilitarás para transformarlas, llegando al punto de reprogramarlas si es necesario; crecer es dejar cosas atrás, es reorganizar nuestro mundo interior y manejar nuestra energía. Es posible aprender el lenguaje de las emociones, esto, adecuado a cada edad, es imprescindible enseñarlo a los estudiantes; sin educación emocional, no habrá buena educación.

Complementando lo anterior quiero decirte que en realidad cada uno es el gerente de sus emociones, por ello debemos estar atentos y ser autocríticos. Obsérvate al punto de llegar a conocer tu mundo emocional y su fisiología, entrénate para educar tus sentimientos, desarrolla la habilidad para surfear tsunamis, una emoción es una tormenta momentánea, asegúrate de saber manejarla y nunca tomes ninguna decisión mientras no pase la tormenta.

Identifica lo que te molesta, comprende por qué, recuerda que las emociones se somatizan, por ello relájate, mira las cosas con humor, en el momento justo haz algo que te encanta, repite la frase "no pasa nada", imagínate dentro de cien años donde estarás. En verdad, nada debería hacernos perder el placer de estar vivos hoy. Hazte hábil manejando tus emociones, establece relaciones agradables, escribe lo que sientes o cuéntaselo a alguien de confianza, reafirma lo bueno que tienes, mira cómo y desde dónde interpretas las cosas que pasan, rememora buenos recuerdos, piensa con optimismo el futuro, medita, visualiza, desarrolla la capacidad de tener la emoción precisa en el momento justo y de la manera adecuada, el resto, continuar disfrutando el regalo de la vida. Comparte todo esto con tus estudiantes, recuerda que el mundo es de quienes aprenden a gobernarse.

Quiero continuar acompañándote en este itinerario formativo, por ello, quiero dejar en tus manos un resumen de nuestro libro INTELIGENCIA EXISTENCIAL, en el punto en que aludimos al apasionante mundo que nosotros llamamos las 20 inteligencias.

Hasta pronto,

CHAMALÚ

"La formación pedagógica debe implicar también la formación espiritual del educador"

"Soy partidario de la lucidez"

CARTA 16

Ref. DESCUBRIENDO LAS 20 INTELIGENCIAS

Estimado Profesor / Estimada Profesora:

Me gusta este contacto epistolar, te confieso que comienzo a escribir al amanecer, te visualizo reunido con tus seres queridos, me imagino al cartero trayéndote la misiva, leyéndola en voz alta, reiterando lo que te parece importante, a veces poniendo tu música favorita de fondo, es indistinto que sea al comenzar el día o a la hora vespertina. Esta lectura equivale a las campanadas de antes, cuando nos recordaban los deberes sagrados; la felicidad es nuestro terruño, por ello extrañamos estar bien.

Cuando nacimos ya éramos felices, la vida es temporal, la infelicidad es muerte prematura, si estamos aquí es para cruzar todo lo ancho de la vida y para esto es indispensable conocerse, por ello la urgencia de estas cartas y la importancia de que las compartas. Está prohibido almacenar esta constelación de misivas, al concluirlas y releerlas si es preciso, déjalas circular y, así todo el tiempo; un día ya no regresaran a ti, pero antes de extraviarse habrás contribuido a reforestar muchas consciencias. También puedes difundir parte de su contenido en las redes sociales, solo tienes que mencionar la fuente y pedir que quien reciba haga lo mismo, estoy convencido que la educación es el último espacio que tenemos para salvar a la humanidad del holocausto, mi optimismo me guiña el ojo cuando te escribo esto. Qué bueno que nos encontramos.

Educar es en el fondo ayudarles a tus estudiantes a descubrir sus talentos y mejorarlos, potenciar sus capacidades, se trata de conectar lo que les interesa con los objetivos académicos y la preparación para la vida, descartando definitivamente reducir la inteligencia al anhelado coeficiente intelectual, peligroso reduccionismo, inaceptable en el siglo XXI, tan obsoleto como asociar capacidad memorística con inteligencia o esta con buenas calificaciones.

El coeficiente intelectual no mide la inteligencia total, sino solo un tipo de inteligencia de las más de veinte que podemos inventariar con fines estrictamente didácticos. Mencionaremos algunas de ellas, no obstante, de INTELIGENCIA EXISTENCIAL hablaremos más adelante.

Comencemos mencionando la INTELIGENCIA SUTIL, esa capacidad de usar la tecnología interior para abordar la realidad multidimensional de la que somos parte; es la habilidad para usar otros sentidos y acceder a información de origen por ahora desconocido; no es intuición, es conexión, capacidad de conectarnos con otras realidades. La INTELIGENCIA ESPIRITUAL es la capacidad de conocerse, trabajarse y acrecentar la consciencia, al interior de una profunda comprensión de la misión que tenemos. La INTELIGENCIA INTUITIVA es la capacidad de captar información almacenada en nuestro interior, sin usar la razón. Entendemos por INTELIGENCIA FILOSÓFICA a la capacidad de situarse reflexivamente frente a la vida, interpretando y reinterpretando con profundidad nuestra existencia; es una capacidad opuesta y complementaria a la Intuitiva. Desde la INTELIGENCIA ÉTICA tendremos consciencia de las reglas de juego con que manejamos la vida al interior de una cultura y un momento histórico; es la capacidad de conocer lo correcto y guiar la vida por principios y discernimiento. De la INTELIGENCIA EMOCIONAL ya hemos hablado anteriormente, ella se constituye en una de las más conflictivas si no se provee a los estudiantes de la respectiva educación emocional. La INTELIGENCIA INTERPERSONAL se expresa en la destreza de manejar conflictos y la facilidad de interactuar con los demás, mientras que la INTELIGENCIA SOCIAL equivale a una inteligencia colectiva entendida como la capacidad grupal de generar comportamientos y respuestas, de auto organizarse y sincronizarse, probablemente en conexión invisible a la inteligencia instintiva que en tiempos prehistóricos posibilitó nuestra supervivencia. La INTELIGENCIA POLÍTICA es la capacidad de influir, dirigir, persuadir y liderar grupos, es el pensamiento estratégico y la capacidad visionaria al servicio de los requerimientos sociales. La INTELIGENCIA LÓGICO-MATEMÁTICA es la capacidad de utilizar números, razonamiento lógico y conceptualización abstracta, mientras que la INTELIGENCIA LINGÜÍSTICA es la capacidad de usar la palabra de manera motivadora, poética y sanadora. Entendemos por INTELIGENCIA FINANCIERA a la capacidad de optimizar los recursos y hacer un uso óptimo de nuestro capital tiempo-vitalidad en la perspectiva de posibilitarnos la calidad de vida elegida. La INTELIGENCIA DIGITAL es la capacidad técnica de interactuar con las máquinas, manejar símbolos digitales y lenguaje de programación, mientras que la INTELIGENCIA ESPACIAL es la capacidad de pensar tridimensionalmente, percibiendo y creando imágenes, identificando formas y colores, en ella están contenidas las llamadas inteligencias estética, artística y visual. La INTELIGENCIA MUSICAL es la inteligencia auditiva reflejada en la habilidad para componer y producir música. La INTELIGENCIA SANADORA es la capacidad de funcionamiento armónico de nuestro cuerpo, parte de esta habilidad funciona de manera automática a condición de no ser interferida, mientras que la INTELIGENCIA SEXUAL es la capacidad de relacionarte con tu cuerpo de manera erótico-sensual, explorando deseos y necesidades y desarrollando la habilidad de conectarse con el otro, para intercambiar esta sagrada energía. Entendemos por INTELIGENCIA CORPORAL a la habilidad de movimiento sincronizado y la capacidad de usar el cuerpo con precisión, equilibrio y armonía, esto incluye destreza táctil y habilidad en el movimiento corporal, aquí están incluidos las llamadas inteligencias cinestésica y sensorial. Finalmente, mencionamos la INTELIGENCIA ECOLÓGICA como la capacidad de activar y preservar la capacidad de escuchar los mensajes de la Madre Tierra e interactuar con ella desde la reverencia y el respeto.

La educación que propondremos en nuestro próximo libro ESCUELA INVISIBLE, Introducción a la Pedagogía Wayra, apunta a educar tomando en cuenta todas estas inteligencias, presentes de manera innata y embrionaria en todos. Será preciso apoyar el desarrollo inicial de cada una de ellas, sin embargo, habrá que ayudar a nuestros estudiantes previamente a identificar las inteligencias-fortalezas que tengan para potenciarlas y orientarles para que su vida se apoye en el desarrollo de ellas. Te propongo hablar del inédito tema de la INTELIGENCIA EXISTENCIAL en la próxima carta.

Hasta pronto,

CHAMALÚ

"Tenemos que tener tiempo (silencio y soledad) para crear"

"Renuncia a tus necesidades innecesarias"

CARTA 17

Ref. ¿QUÉ ES LA INTELIGENCIA EXISTENCIAL?

Estimado Profesor / Estimada Profesora:

Tener buena memoria no significa ser inteligente. ¿Podemos hacer una educación diferente, disidente, al interior de este sistema educativo? ¿Por qué esperar que todo cambie? El mundo está cambiando, en realidad el mundo ya cambió, habitamos un mundo distinto del que conocimos en la infancia, tengamos cuidado para no estar transmitiendo contenido obsoleto, este es un tiempo para combinar sensibilidad con racionalidad, orientar en el manejo de las relaciones, repensar las metodologías, contenidos, evaluaciones; si queremos llegar al estudiante habrá que conocer sus fortalezas y debilidades, saber qué sueña y lo que teme, entonces recién podremos ayudarle a situarse frente a la vida, sin temor a que ésta los destruya.

La vida golpea a quien no aprende a vivir oportunamente, las caídas son lecciones, es posible aprender sin sufrimiento. Hoy quise comenzar a escribirte fotografiando la realidad sin anestesia, percibo charcos por todo lado, vidas ensangrentadas por la negligencia, almas con resaca, afanes innecesarios, espíritus domesticados, procesiones de deseos insatisfechos, brazos sin abrazos, gente corriendo después de haberse olvidado de vivir, palabras que son pura sonoridad intrascendente, necesidades innecesarias llenando las casas de cosas mientras el vacío existencial se instala en las vidas. Ayer vi cómo la frivolidad arrastraba a una persona hasta el centro comercial, vi a otro saqueando su propia vida, es tristeza ajena pero la observación es mía, alguien cerca mío, continúa clavado a sus miedos.

Las inteligencias son un conjunto de herramientas que precisamos aprender a desarrollar, a manejarlas y saberlas articular a nuestro proceso vivencial. Son la caja de semillas para germinar y desarrollar. Disponemos de por lo menos, una veintena de inteligencias, tú ya lo sabes, sin embargo, una de ellas, la INTELIGENCIA EXISTENCIAL es la capacidad de gestionar y coordinar el funcionamiento de cada una de las otras inteligencias y compatibilizarlas con los requerimientos existenciales. Es la habilidad para usar con lucidez todas nuestras potencialidades, creativamente convertidas en tecnología interior y puestas al servicio de lo que en la coyuntura existencial en la que nos encontremos sea necesario.

A partir de la Inteligencia Existencial damos el rumbo, el norte a nuestra vida, porque como mencionamos esta capacidad se expresa en la habilidad de relacionar y desarrollar cada una de nuestras múltiples inteligencias otorgando sentido y coherencia a nuestra vida. Cuando hablamos de Aprender a Vivir, de la urgencia de que la educación contemple prioritariamente este aspecto, nos referimos a trabajar con la Inteligencia Existencial, desde ella, adecuadamente formada y transformada, integraremos todas las otras inteligencias, desarrollaremos de manera especial aquellas que estén articuladas a nuestros talentos y al cumplimiento de nuestra misión y convertiremos todo ese potencial en un estilo de vida.

Si la Inteligencia Existencial tiene la función de dirigir y coordinar las demás inteligencias y, en el corto plazo, ponerlas al servicio de la calidad de vida y, en el largo plazo, garantizar la evolución de la consciencia, fíjate la importancia de educar esta Inteligencia.

Sabemos que desde ella otorgaremos metodología y sentido a la vida, organizaremos con profundidad nuestra existencia, administraremos con calidad cada uno de nuestros días, desplegaremos los potenciales que sean necesarios para gestionar los problemas inherentes a la vida. La Inteligencia Existencial es la capacidad de la conciencia de ser y hacer lo que necesita para completar su ciclo evolucionario, convertido por ahora en un estilo de vida, gobernado por la lucidez y desde las potencialidades activadas según la necesidad.

Está claro que el coeficiente intelectual no garantiza nada, resulta imprescindible saber que la Inteligencia Existencial es la capacidad de usar los talentos con la pasión respectiva, enfocada en la expansión de la consciencia y el despertar de los demás. Inteligencia Existencial es la capacidad de usar el cerebro, al servicio de la evolución consciencial, porque ella alude, al igual que la Inteligencia Sutil, a la complejidad multidimensional que somos y al propósito existencial que implica nuestro paso por la Tierra. Desconocer este aspecto, no otorgarle la importancia que tiene en el quehacer educativo cotidiano, se traducirá más adelante en ese ya epidémico vacío existencial que desemboca en suicidios y adicciones.

La Inteligencia Existencial es la capacidad de estar en contacto profundo con la vida, tener consciencia de las intenciones y emociones que nos poblan, es la capacidad de enfocar nuestra energía y elegir las mejores maneras de conducir nuestra vida, la habilidad de manejar nuestra energía y desde ella ayudar a los demás. Es la capacidad de dar sentido a nuestra vida y la posibilidad de vivir desde una conciencia despierta, luego de haber identificado nuestro propósito. No existe un test para medir nuestra Inteligencia Existencial como se mide el coeficiente, pero la mide la vida misma traducida en felicidad duradera, amor incondicional, libertad lúcida, paz inalterable y salud permanente. Si la Inteligencia es la capacidad de decodificar la existencia y escoger con lucidez la manera de continuar la evolución de la consciencia, educar las inteligencias, en especial la Inteligencia Existencial resulta fundamental, de lo contrario, continuaremos lastimando a las nuevas generaciones, induciendo a memorizar contenidos que más temprano que tarde serán olvidados. El efecto colateral de esta educación es convertir en cenizas al futuro y sembrar semillas de tristeza en sus jóvenes corazones.

Canta un pájaro poniendo de pie a mi optimismo, hace rato se había desmoronado, pero está otra vez de pie, interminable en su voluntad, inacabable en su decisión de contribuir a la gestación de un mundo nuevo a partir de una nueva educación. Te propongo que seas mi aliado en esta labor de ponerle ladrillos a este sueño. Presiento que cuento contigo. Quiero desglosar junto a ti el apasionante tema de prepararnos y preparar a nuestros estudiantes para la vida. Nos vemos en la próxima carta.

Hasta pronto,

CHAMALÚ

"Recuerda que es peligroso, casi suicida, vivir sin prepararse para ello"

"Tener problemas es normal, lo que no es normal es complicarse con ellos"

CARTA 18

Ref. PREPARACIÓN PARA LA VIDA

Estimado Profesor / Estimada Profesora:

¿Qué es la vida? La pregunta parece intrascendente, el tiempo transcurre tocando las campanadas fatales, su marcha es irreversible, inútil lamentarse por el tiempo perdido, fundamental saber convertir el paso del tiempo en crecimiento. Un día nuestra condición cambiará bruscamente, entonces, convertidos en recuerdo, oscilaremos en el territorio de la memoria hasta que las huellas dejadas sean borradas por el olvido. Imprescindible aprender a vivir, urgente prepararse para la vida plena.

Quiero convertir el día en espectacular, labrar el tiempo para garantizar la evolución, convertir lo inferior en superior, reciclar las malas noticias y transmutar lo gris en luminoso. Quiero cultivar flores en el jardín del corazón de mis aprendices, que aprendan a sintonizar el silencio, los rebaños no son recomendables, precisamos convertirnos en felinos y, desde el alerta sereno, tomar las mejores decisiones. Vivir es elegir, me consta, el resto es administrar los efectos colaterales de las elecciones adoptadas.

No te conformes con la rutina, no te adaptes a ninguna aberración contemporánea, el que muchos lo practiquen no legitima al error. Los pedagogos rebeldes no se conforman con ninguna variante de mediocridad, la pobreza la induce el sistema, pero sin nuestro apoyo no sería viable. El tiempo no puede, no debe pasar en vano, precisamos sin demora enamorarnos de la vida y contagiar esta vibración en el aula. Estar enamorado de la vida significa saborear cada instante luego de instalarse permanentemente en el presente, único tiempo real; significa tener la mente abierta a las sorpresas e intacta la capacidad de aprendizaje y asombro; significa aprender de todo lo que ocurre, agradecer todo lo que pasa, hacer las cosas por el placer de hacerlas, no dar poder a nadie para ponernos mal y contagiar este fervor de vida a quienes se acercan a formarse con nosotros.

Prepararse para la vida significa estar preparado para todo. Conocerse y saber manejar nuestras emociones, desarrollar la capacidad de vivir diversas situaciones, ya sabemos que en la vida lo único seguro es lo inseguro, cultivar nuevas habilidades existenciales, comenzar por implicarnos totalmente con la vida, como activos protagonistas preparados para adaptarse a nuevos cambios, porque la vida contemporánea está cada vez más dinamizada. Prepararse para la vida tendría que ser la principal materia que se enseñe en escuelas y colegios, esto tendría que incluir desde nutrición, manejo de relaciones interpersonales, saber resolver conflictos, desarrollar la tolerancia y la escucha, el autoconocimiento y el liderazgo, manejo de lo financiero, concientización ecológica, derechos y deberes humanos, manejo de otros idiomas, orientación sexual integral, conocimientos de supervivencia y, por supuesto, aprender a aprender.

Los jóvenes deben formarse sabiendo que hay un creciente desempleo, que muchas profesiones dejarán de ser necesarias en el futuro cercano, que tendrán que estar preparados para entornos de mucho estrés, saber trabajar con eficiencia y eficacia bajo presión será indispensable para todos, tan importante como saber identificar nuevas oportunidades, así como tener la formación en varias disciplinas, logrando ser multi-oficios, siempre en áreas que a cada uno le agraden.

Será muy importante que estemos preparados para un manejo eficiente de la palabra, saber preguntar y responder, manejar objeciones y promover persuasivamente la imagen de uno, generando desde la primera impresión un perfil de confianza y credibilidad. Saber planificar será tan importante como saber improvisar, volverse experto en relaciones públicas, que posibiliten tener una buena cartera de contactos que en el momento necesario nos abran las puertas precisas. El mundo está cambiando, el caos está garantizado, en contextos como estos es necesario estar preparados integralmente, saber tomar buenas decisiones y no solo de manera racional, ya que la intuición es una buena consejera que es preciso saber utilizar.

Saber diferenciarse será más que nunca fundamental, es importante estar conscientes del tiempo que nos tocó vivir, adiestrándose para el uso de las tecnologías que necesitemos manejar, el resto es saber delegar, es más inteligente hacerlo que intentar hacer lo que no sabemos o aquello que no nos agrada. Es importante estar actualizados, ver cómo se mueve el mundo y, en especial, el escenario en que actuamos nosotros, ver las tendencias predominantes y nunca dejar de formarse. Estemos conscientes que somos anfibios, habitantes de dos mundos, el nuestro, interno y misterioso que podemos aprender a manejarlo, y el externo, en el que hace falta aprender a desplazarse para que no interfiera en nuestros planes.

Si el docente está preparado en este sentido, no tendrá dificultad de enseñar a sus estudiantes a fluir e ir por la vida descomplicadamente, formando niños, niñas y jóvenes auténticos, flexibles, emprendedores, sensibles, amantes de los riesgos y, al mismo tiempo, lúcidos, capaces de asumir la responsabilidad de sus acciones y decisiones. Ellos tienen que saber qué, cómo y por qué; deben saber que su educación en el fondo es para vivir bien y que ellos, cada uno, puede contribuir a construir un mundo nuevo. Que valoren su libertad y prefieran trabajos autónomos. Plantéales retos, entrena su imperturbabilidad, que se vuelvan expertos en vivir el presente sin descuidar el futuro, que aprendan a manejar bien su tiempo y que siempre estén preparados para lo peor, es decir, para todo. Si la educación no prepara a las nuevas generaciones para la vida es una pérdida de tiempo.

Nuestros estudiantes deben saber que las buenas calificaciones en la escuela no garantizan nada en la vida, que disponer de un título académico tampoco les asegura un buen futuro, que es preciso también desarrollar habilidades psicosociales e interpersonales para vivir bien. Seamos sinceros, la educación convencional no prepara adecuadamente a los estudiantes para la vida, es tan solemne como inservible, comete una gran imprudencia al enviar a los jóvenes con doce o quince años de estudio, pero sin preparación para una vida donde se evalúa la calidad existencial. Quizá sea preciso romper un poco lo normal, entremezclar con los contenidos oficiales la preparación para la vida. De cómo lograr esto se ocupará nuestro próximo libro LA ESCUELA INVISIBLE, mientras tanto convenzámonos que esto no puede continuar así y que está en nuestras manos la posibilidad de reforestar consciencias de la mano de un galopante optimismo. De todas maneras, hablemos de cómo manejar el estrés y evitar la depresión en la próxima carta.

Un abrazo,

CHAMALÚ

"Lo ordinario se convierte en extraordinario cuando tenemos esa sed de aprendizaje"

"No te mueras sin haber cumplido tu misión"

CARTA 19

Ref. CÓMO EVITAR EL ESTRÉS Y LA DEPRESIÓN

Estimado Profesor / Estimada Profesora:

Los caminos de la vida son laberínticos, no aptos para quienes delegan al piloto automático el fluir del día a día. La energía se dispersa si no aprendemos a manejarla, el sol poniente, mi anfitrión de hoy, fatiga mis últimas horas de la jornada, tengo ganas de días de 40 horas y la posibilidad de detener el tiempo a voluntad. Creo que es raro encontrar gente que valora su vida, algunos renunciaron irrevocablemente a ella en su versión plena, emprendiendo el curso de la infelicidad. El tiempo es generoso, mas no perdona. Quien no vive inmerso en el crecimiento conocerá el horror del vacío existencial. Si eres docente, preserva la vigilia. Vivir para trabajar es graduarse de mercenario, no resulta higiénico vivir mal, amontonar ganas y, luego, morirse sin haberlas cumplido.

Te escribo esta carta desde una hamaca, hay un reloj detenido colgado en la pared, una antigua preocupación intenta ponerse de pie, ningún miedo se atreve a contradecir la decisión de prescindir de ellos. Suena el teléfono, es un antiguo amigo con la vida desvencijada, tomó las herramientas inadecuadas, luchó muy bien en una trinchera equivocada, me confiesa que el péndulo de su vitalidad está fragmentado, que su salud se ha detenido, que prefiere letras góticas para su epitafio en una lápida del cementerio que nadie visitará. Mientras, un pariente me informa desesperado que ha perdido la llave de su vida, que sus células se amontonan formando tumores. La estupidez contemporánea parece indescifrable, nadie sabe por qué el humano del siglo XXI se ha enemistado con la vida.

¿Quieres vencer al estrés? Aprende a decir No a lo que no quieres. No es necesario enfadarse ni sentir culpa por rechazar algo que prefieres evitar, acepta que los problemas son parte de la vida, aprende a resolverlos con creatividad, ve siempre el lado positivo de todo lo que pasa y te sorprenderás de todo lo que aprendes, incluso de situaciones que hubieras preferido no ocurran. Tómate en serio el humor, el pensamiento positivo. La actitud optimista debe ser una constante en tu vida, enfrenta tus miedos, ellos se alimentan del miedo que les tenemos, recuerda que la vida es un juego, sagrado, mundano, pero en el fondo juego, tampoco olvides que el estrés no es malo del todo, es solo un mecanismo defensivo que implementa el cuerpo para poder defenderse. ¿De qué te estas defendiendo? Haciendo algunos cambios en tu vida, en tu modalidad interpretativa, podrías descubrir la agradable sorpresa que aquello que ayer te estresaba, hoy te enseña y divierte.

Obsérvate en todo momento, en especial cuando estás comenzando a estresarte, recuerda que nadie debe tener poder sobre ti para ponerte mal; dialoga contigo, aprende a manejar tu ansiedad sin olvidar que la vida no es blanco o negro, que los matices abundan, que muchas veces no es sí o no, acepta las situaciones con lucidez y creatividad, no culpes ni te desquites, canaliza o transmuta oportunamente tus emociones, ayuda a los demás y, cuando sea preciso, pide ayuda. Identifica las causas que te estresan. No te preocupes, ello resulta una estéril pérdida de energía, descarta el perfeccionismo, cuida tu salud, haz ejercicio físico, relaja tu cuerpo y haz lo que amas, de esa manera estarás enviando más endorfinas que adrenalina a tu torrente sanguíneo.

Es importante que manejes bien tu tiempo, que priorices tus actividades, que te conozcas cada vez mejor, que seas experto en automotivarte, que confíes en ti, desarrollando un buen autocontrol emocional. Finalmente, no olvides ser agradecido; quizá resulte innecesario decirte que descartes estimulantes y fármacos. Junto al estrés, caminando cabizbajo y desganado, se encuentra la depresión, una epidemia mundial que incluye pensamientos pesimistas y obsesivos, déficit de sentido y de ganas de vivir y, a menudo, relaciones tóxicas, carencia de afecto, entorno adverso, problemas financieros, entre otros.

La depresión es la tristeza del alma que presiente una vida desperdiciada. Analiza la situación, identifica las causas, enfrenta con creatividad y optimismo los problemas, plantéate objetivos que te motiven, créate nuevos hábitos, mejora tu alimentación, respira conscientemente, recurre a la lectura inspiradora, organiza para ti una red de afecto y confianza, habla con ellos, cuéntales lo que estás sintiendo, mantente activo, date tiempo para hacer lo que amas, el tiempo para ti es muy importante, sin embargo, no abuses de la soledad, lo que más requieres es sentirte vivo, divertirte, tener pensamiento positivo, mejorar tu autoestima. Insisto en que debes hacer lo que te encanta, rodearte de gente que amas, personas felices que te ayuden a enamorarte de nuevo de la vida.

Al comprender tu situación, deberás hacerlo desde el optimismo y al interior de un camino de autoconocimiento, recomendable un chequeo de salud para ajustar excesos y carencias. Descarta los pensamientos negativos y radicalmente cualquier antidepresivo, inscríbete a cursos de temas que te motiven, habitúate a buenos libros de inspiración. No esperes carecer de problemas -estos son parte de la vida- tienes que aprender a disfrutar de ellos, hacerte fuerte y aprender lo que te falta. Ten una vida social lúcidamente planeada de acuerdo con tus necesidades coyunturales, el resto, continuar disfrutando y aprendiendo, la vida es la mejor escuela. No estoy pensando que tú tengas este problema, pero es bueno saber cómo manejarlo cuando se presenta y, en especial, cuando se trata de ayudar a nuestros estudiantes. No hay mejor vacuna contra la depresión que aprender a vivir enamorados de la vida plena. ¿Volvamos a reunirnos para hablar de cómo descubrir los talentos, te parece?

Hasta pronto,

CHAMALÚ

"Buscamos que nuestros estudiantes sean fuertes y flexibles"

"Atrévete a recuperar tu vida y hacer realidad tus sueños"

CARTA 20

Ref. CÓMO AYUDAR A DESCUBRIR TALENTOS

Estimado Profesor / Estimada Profesora:

La caverna de la que nos habló Platón hace dos mil quinientos años continúa intacta, millones pasan por la vida sin darse cuenta que estuvieron vivos y que esta experiencia no va a repetirse con estas características; la jornada se cumple, cada uno aprendió a contarse un cuento y mentirse con honestidad. La infelicidad es un páramo interminable, las mujeres y hombres perdidos tienen buen posicionamiento, desde la mediocridad solo se valora la apariencia. La mayoría está perdida, pero aparenta normalidad.

Se extinguen los cantos con que los pájaros despedían al sol, casi nadie siembra en el jardín de su corazón, unos se estresan antes de deprimirse, otros no se enteran de nada mientras esperan la estocada final. Quien no se conoce, aún no comenzó a vivir. La tristeza se enciende puntualmente cada día, los rumores traspasan vidas, las sombras se organizan por intensidad; el Universo nos ha concedido la vida en un contexto de libertad, por todas partes se observan cadenas y prisiones, quien no recupera su poder, quien no germina su potencial nunca descifrará su propósito existencial.

¿Cuántos otoños más serán necesarios para arribar al espacio sin silencio? Solo el conocimiento de uno mismo desanudará la existencia, el resto será arrojado por la misma vida, al vacío del sinsentido. El tiempo juega a favor de quienes inauguraron la lucidez y decidieron hacer de su vida una obra de arte.

Me quedo pensativo, ¿sabrán los jóvenes lo que quieren Ser y Hacer? ¿Podrán los profesores ayudar a sus estudiantes si cada uno es un micro universo? ¿Qué necesita saber el joven para realizarse en su vida? ¿Por qué se asocia vocación a alternativas laborales si en realidad la vocación está más relacionada con un llamado interior invisiblemente anclado a la misión? Cada día es un nuevo día y cada estudiante no es exactamente el mismo de ayer, entonces, ¿cómo ayudarles en esta fluida dinámica? Sin duda los docentes tendrían que ser expertos en sacar lo mejor de cada uno de sus aprendices. Preguntémonos ¿con qué sueños crecen los jóvenes? ¿Qué clase de educación necesitan para conocerse y aprender a vivir? ¿Conoces la situación en la que actualmente se encuentran tus exalumnos?

La educación debe ayudar a que el estudiante se conozca en la perspectiva de descubrir sus potenciales. ¿Sabías que no valorar las habilidades de los niños, niñas o jóvenes es la mejor manera de sepultar sus talentos? Un buen profesor ayuda a sus estudiantes a sacar lo mejor de sí, a conectar las materias obligatorias con sus pasiones, a identificar sus habilidades y potenciarlas, porque es posible capacitarlos para desarrollar sus talentos, esto equivale a un apasionante viaje buscando el tesoro escondido en nuestras profundidades. Un buen docente ayuda a sus estudiantes a aprender a aprender.

Lamentablemente la educación convencional ignora los talentos de nuestros estudiantes, esas capacidades que de manera innata traemos en forma de potencialidades, de semillas que requieren el respectivo apoyo educativo para crear las condiciones necesarias para aflorar. ¿Te pusiste a pensar en qué se convertirán tus estudiantes? ¿En qué se convirtieron los que ya pasaron por tus aulas?

Cuando proponemos la urgencia de refundar la educación lo hacemos convencidos que una educación que ignora los talentos de sus niños, niñas y jóvenes no sirve, es más, contamina e intoxica, distorsiona y perjudica, convirtiéndose en una pérdida de tiempo y energía que más adelante se necesitará. Los estudiantes necesitan conocer sus fortalezas y sus debilidades, precisan saber apoyarse en sus puntos fuertes y trabajar los aspectos poco desarrollados, tienen que crecer convencidos que se puede llegar a ser lo que anhelan, solo es cuestión de buscar la formación necesaria y desplegar la disciplina precisa y la paciencia respectiva.

Ayudemos a los jóvenes a que descubran su potencial, a que escuchen su corazón, su voz interior, que desde temprana edad aprendan a darse tiempo para sí para conocerse a fondo, evitando de esta manera el encontrar talentos con los que no se identifican; conocerse es la mejor manera de transportarse a la vida.

Los talentos son semillas para cultivar, no son meras habilidades para desarrollar destrezas técnicas que puedan luego venderse en el mercado laboral, los talentos poseen un carácter integral, son simultáneamente espirituales, mentales y emocionales, es decir, existenciales, son las maneras que tenemos de operativizar nuestra misión, son las formas de alcanzar nuestros objetivos en la perspectiva de encarnar nuestra misión personal. Nunca es demasiado tarde para encontrar nuestros talentos y comprender nuestra misión.

Me gusta preguntar a los jóvenes qué les gustaría ser y hacer en el futuro, qué se imaginan haciendo y disfrutan, qué harían aunque tuvieran mucho dinero, aunque no les pagaran…, esas son pistas importantes para identificar talentos. No todos los talentos son explícitos, algunos permanecen invisibles, es decir, ignoramos su presencia, otros los encontraremos profundizando la auto observación y algunos incluso serán descubiertos antes por nuestros amigos.

La educación debe crear las condiciones para que los talentos germinen. Quien se dedica a lo que le apasiona, no se equivoca.

Intenta tejer en tu vida los hilos de lo que te gusta, para lo que eres bueno; articula tu pasión con tu habilidad, aquello que disfrutas con el ayudar incondicionalmente a los demás, todo esto convertido en tu estilo de vida. Luego, con la experiencia de haberlo vivido, podrás compartirlo con tus estudiantes. No importa cuánto tiempo demoremos en descubrir nuestros potenciales, vayamos en esa perspectiva y ayudemos a los jóvenes a convertir esta búsqueda en suprema aventura de autoconocimiento, sin olvidar que desarrollar nuestros talentos nos hace felices, más aún cuando desde ellos podemos ayudar a los demás, multiplicando nuestra felicidad y ayudando a construir, entre todos, un mundo nuevo. Te propongo que hablemos a continuación de cómo mejorar nuestra autoestima.

Hasta pronto,

CHAMALÚ

"Tenemos derecho a lo imposible"

"Quien aprende de sus caídas no se ha equivocado"

CARTA 21

Ref. CÓMO FORTALECER LA AUTOESTIMA

Estimado Profesor / Estimada Profesora:

Si llegaste hasta esta altura del ascenso a la montaña del conocimiento que te propongo, algo tiene que estar pasando en ti. Ya sabes que estas son cartas para rumiarlas, para reflexionarlas y repensarlas, para discutirlas con los colegas y leerlas en familia. Anochece mientras te escribo, mañana será Luna Llena, en este preciso momento, hay gente destruyendo su vida, eso me deja pensativo porque todos acudieron un día a la escuela. Me pesa la injusticia tanto como la estupidez, muchos se destruyen en silencio, luego serán ceniza desparramada en el jardín del olvido, ¿por qué rasgar la epidermis sagrada de la vida si nadie vino a la Tierra a sufrir? Si pudiera transcribir mis sueños mientras sueño…, pienso en voz alta. Es probable que la infelicidad sea la manera aceptada de la traición a uno mismo. Creo que ya no recuerdo el sabor de la infelicidad, hace mucho que ella renunció a darme sus habituales zarpazos.

Un día conocí a un docente que era depredador de su propia existencia, aquel encuentro me dejó conmocionado, debería estar prohibido entrar al aula sin la emoción precisa y la vibración luminosa. Nadie cumple su destino, su inexistencia ya no está en discusión, me gusta la idea de que cada docente sea domador de emociones, de las suyas en principio, del resto solo podemos impedir que nos afecten. ¿Te imaginas un inmortal suicidándose? Profesor, profesora, ¡no te confundas!, la vida es un laboratorio de experimentación donde cada uno puede explorar las múltiples formas de evolucionar su consciencia; ninguna plegaria será suficiente para compensar una vida desperdiciada, esto es lo que hay que contagiar a nuestros estudiantes en el aula.

Es probable que el problema de baja autoestima no lo tengas tú, es posible que la autoestima discurra por senderos invisibles y camuflados, tiene que ver con el amor propio, con la valoración de uno mismo, con aceptar tu cuerpo y comprometerte a cuidarlo. En verdad este es un tema indispensable de conocer para orientar adecuadamente a tus estudiantes, ayudarles a sentirse seguros, a confiar en ellos. En la juventud tú sabes lo importante que resulta esto, que construyan una imagen positiva de sí mismos, superar el miedo al ridículo, que no teman arriesgarse ni equivocarse y que eviten compararse con los demás porque siempre habrá mejores y peores que uno.

Recuerda que el primer paso es aceptarse y, a continuación, valorarse y amarse, sin olvidar que la autoestima es la autopercepción que tenemos, es la manera como nos vemos, como nos interpretamos y valoramos. No busques la aprobación de los demás, no es necesario, cree en ti, confía en tus estudiantes, ten expectativas altas de ellos, enséñales a amarse, a ser autocríticos, pero desde lo constructivo, sin soberbia ni debilidad, tampoco complejo de inferioridad o superioridad. Uno de los peores errores del docente es subestimar el potencial de sus estudiantes.

Potencia tu autoconfianza y, a continuación, haz lo mismo con tus aprendices, reconoce sus logros, pero asegúrate de no alimentar la soberbia, siéntete orgulloso de ellos cuando corresponda, promueve su autoestima, alentándoles, elogiándoles con lucidez, hazles ver que son merecedores de lo que logran o reciben y que eso se refleje en la realidad, exprésales que confías en que lo lograrán. Ayúdales a descartar la envidia, en lo posible, de igual manera la culpa y el remordimiento, si alguno actuó mal la sincera autocrítica se ocupará del aprendizaje respectivo; que les quede claro la importancia de pensar en positivo de la mano de un pensamiento realista, que nunca acepten sentirse inferiores, somos diferentes, con diversas inteligencias, eso es todo, nada de qué preocuparse. No temas ser tú mismo y al mismo tiempo demuéstrales que crees, que confías en ellos, que aprendan a equivocarse con serenidad; si aprendieron a confiar en sí mismos un error no será el fin del mundo, recuérdales, sin embargo, que solo se puede cometer el mismo error una sola vez, quien aprende de sus errores no tropieza de nuevo con la misma piedra.

Todo docente tiene que ser experto en motivación y automotivación, recuerda que tus estudiantes aprenden más de tu ejemplo que de las lecciones que impartes; que vean en ti un disfrutador empedernido, que ama la vida y toma buenas decisiones. Enséñales a reírse de las críticas negativas, es importante reinterpretar lo que se llama negativo en la sociedad, la rebeldía, por ejemplo, es patrimonio de la gente lúcida y valiente, mientras que la resignación es para nosotros un defecto que deberíamos evitar. Antes de dormir, recuerda lo que aprendiste, evalúa tu desempeño en el día y recuerda exclusivamente lo positivo; acepta lo que puedes cambiar, cuando sea necesario, reinterpreta tu pasado, no importa lo que hiciste antes, sino lo que estás dispuesto a realizar ahora, si esto enseñas a tus estudiantes te lo agradecerán toda la vida.

Manejar bien las críticas significa reinterpretar lo que ocurre: acepta lo que no puedes cambiar, cambia lo que es posible transformar, aprende a verte de otra manera cuando es necesario, descarta la idea de ser perfeccionista, acepta cuando hablen bien de ti sin desembocar en posturas soberbias, escucha serenamente cuando hablen mal de tu persona, observa lo que produce en ti, evita responder impulsivamente, canaliza tus emociones, responde con lucidez sin olvidar que muchas veces las frivolidades que nos dicen ni siquiera merecen ser tomadas en cuenta. No seas perfeccionista, si descartaste oportunamente el pesimismo descubrirás que puedes más de lo que creías. Planifica tu vida, nunca dejes de prepararte, rodéate de buenas influencias, comparte todo esto en el aula, haz que tus estudiantes se sientan importantes y, cuando se equivoquen, recuérdales que pueden hacerlo mejor.

Con todo esto su autoestima estará en buen estado físico y el agradecimiento a quien les preparó para su vida, incluso si no lo expresan directamente, será el mejor recuerdo de tu paso por los centros educativos. Te propongo a continuación, reencontrarnos en la próxima carta, para abordar el apasionante mundo de la palabra que orienta y sana. Todo docente puede hacer uso de esta mágica posibilidad.

Hasta pronto,

CHAMALÚ

"Enseñemos que VIVIR es fluir descomplicadamente"

"Antes de hablar asegúrate de haber sintonizado el SILENCIO"

CARTA 22

Ref. CÓMO INICIARSE EN EL ARTESANATO DE LA PALABRA SANADORA

Estimado Profesor / Estimada Profesora:

Donde rige el silencio la palabra adquiere poder; ignora la memoria, fluye desde el corazón, amplia tu coherencia, venera la vida y elabora con rapidez los protocolos de una vida elevada a categoría de obra de arte. Si estas vivo es porque el Universo creyó en ti; si dedicas tu tiempo a reforestar corazones eres un agricultor multidimensional que en nombre de la vida cultiva a los humanos que habitarán el futuro y repoblarán el planeta de seres felices.

Desconozco tu rostro, quiero visualizarte feliz, nos proponen una vida insípida, una interminable pesadilla que comience renunciando a nuestra libertad, estoy seguro que quien llega a conocerse, pasa a ser alguien superior, esa quizá sea la única aristocracia aceptable, esa que te da sabiduría a tiempo de entregarte el vestuario de humildad y el hábito de la solidaridad, aderezada por permanente alegría porque no hay más sabiduría que disfrutar la vida con lucidez.

Tú como educador podrías acompañarme al terminar esta carta y, aprovechando la curvatura del tiempo, hacer un acopio minucioso de todo lo inútil e innecesario (algunas creencias heredadas, miedos contagiados y todos los malos ejemplos que presenciamos) y lanzarlo por la ventana. Si elegiste el sagrado rol de educar a las nuevas generaciones te propongo ser incesante en tu crecimiento, incansable en aprender, persistente buscador y eterno agradecido. Consérvate acechando el paso del tiempo, siempre adjunta oportunidades y enseñanzas, agrega sorpresa a lo cotidiano y magia a nuestra caminata.

Manejar la palabra significa en el fondo desarrollar la capacidad de direccionar la energía, de ponerla al servicio del aprendizaje y la sanación. Quien desarrolla el maravilloso arte de la palabra puede mover emociones y acrecentar consciencias, motivar en profundidad y desatar pasiones. Hablar con una intención, con el tono de voz adecuado, con un vocabulario lo suficientemente amplio como para evitar repeticiones y garantizar amenidad, nos permite llegar hasta el corazón y sembrar en él semillas de transformación.

Todo docente que se respete, debe cultivar el arte de hablar bien en público, conocer su aparato fonatorio -es su herramienta de trabajo-, entrenar su voz, dotarla de la potencia necesaria para evitar hablar en el aula, forzando la voz al punto de terminar la clase afónico y cansado. Escuchar a quien habla bien es un placer; cuando el estudiante disfruta de la clase, aprende más rápido y descarta el aburrimiento. Ser capaz de generar una buena comunicación comienza con desarrollar la capacidad de escuchar, esa coescucha atenta y lúcida, empática y generadora de confianza que tiene alcances terapéuticos y resulta fundamental para el joven.

A dialogar se aprende como se aprende todo, en función de lo que cada uno es, quiere y necesita. El docente debe ser un excelente comunicador, sus estudiantes tienen que sentirse tan a gusto de escucharle, que el aprendizaje esté garantizado. Desarrollada la capacidad de diálogo, esto deberá ser complementado con una rigurosa auto-observación que nos permita darnos cuenta desde dónde estamos hablando. Si tú estás convencido de lo que transmites será fácil convencer a los demás. Si deseas mejorar aún más tus niveles de comunicación y persuasión, graba tus intervenciones en público y luego analízalas, identifica muletillas, redundancias - hablar mucho y decir poco -, además del tono de voz, tu calidad de modulación y vocalización. Puedes escuchar a los distintos grandes oradores (puede accederse desde internet) e inspirarte con ellos.

Cuando hables en público mira a los que te escuchan, habla con serenidad, con sinceridad, con pasión, escucha atentamente las preguntas que te hagan, respóndelas con amabilidad, incluso si están mal formuladas o salen del contexto temático en que te encuentras; más que saber todas las respuestas tienes que saber responder. Presta atención a tu apariencia, la imagen que proyectamos, el vestuario que usamos actúa como refuerzo del mensaje a transmitir o como ruido, descarta el miedo al ridículo; todo esto, de manera directa o indirecta, se transmite a tus estudiantes.

Quien no sabe hacer un uso eficiente de la palabra está condenado a involucrarse en más problemas y a tener una vida más complicada. Cuando hagas uso de la palabra elabora un esquema escrito o mental, comienza sorprendiendo y rápidamente generando expectativa, termina induciéndoles a reflexionar sobre lo compartido. Desarrolla de manera especial tu capacidad de síntesis, asegúrate de la amenidad de tu intervención, respira diafragmáticamente, permanece relajado, que los estudiantes sientan que pueden confiar en ti. Generar credibilidad es un paso previo que todo docente debe lograr, el resto es fluir didácticamente dejando que ellos te escuchen con la imaginación, haz que vean lo que estás hablando.

Desarrollada tu capacidad de síntesis, generada la indispensable credibilidad, conviértete en experto en improvisar sin dejar de planificar lo que tengas que enseñar. Es recomendable practicar para hacerlo cada vez mejor, plantearse objetivos para hablar con excelencia, entrenar tu voz leyendo en voz alta, conocer bien a tus oyentes y llegar al punto de tejer el silencio con palabras, como si todo fueran cuentos que cuentas desde el corazón de la imaginación.

Hablar en realidad es fluir desde el corazón, solo tienes que estar seguro que enseñar te apasiona y que estás haciendo lo que amas. Te invito a dialogar sobre la construcción del profesor líder y de sembrar en tus estudiantes las semillas de un liderazgo integral, habilidad imprescindible para el futuro cercano. Allí te espero.

Hasta pronto,

CHAMALÚ

"Los sabios son como el vino, cuando más antiguos, mejores"

¡Apasiónate desapegadamente!

CARTA 23

Ref. CÓMO CONSTRUIR LÍDERES INTEGRALES

Estimado Profesor / Estimada Profesora:

La primera letra del alfabeto existencial es la A, de Atreverse, de Aventura evolutiva, de Amor. Vivimos en la orilla del tiempo, precisamos aprender a estar atentos al tráfico de oportunidades, ellas tienen la mala costumbre de marcharse rápido, no hay escalera para subir a los niveles elevados de conciencia, solo el trabajo interior cotidiano; sin autoconocimiento el alma se llena de estrías y se despeina la visión. Me asomo nuevamente a la realidad, me detengo en una esquina de la vida, no veo a la esperanza sentada en los parques ni al optimismo caminando por la calle, en cambio, me encuentro energías glorificando al consumismo, centinelas preservando el sinsentido, voluntades luchando en trincheras equivocadas, jóvenes labrando su vida en penumbras, con déficit de sabiduría y sensibilidad.

He contemplado cómo el silencio es ametrallado por sonoridad intrascendente, he inventariado las necesidades innecesarias, he visto regimientos de miedos rigurosamente organizados por nivel de oscuridad; hace poco me encontré con un hombre que habitaba en una cloaca, estaba convencido que el fin del mundo ya había llegado.

Un buen docente tiene visión y es experto en motivación, sabe tratar a las personas, escuchar y persuadir, toma en cuenta lo que les interesa y construye puentes desde lo personal a lo colectivo. Liderazgo es básicamente eso: visión más pasión en acción, por supuesto que incluye confianza en uno mismo, perfil emprendedor, un buen control mental y emocional, carisma que proviene del propio proceso de crecimiento interior, es decir, un magnetismo que se irradia naturalmente, incluso estando en silencio. Un buen docente es un líder nato, es agradable, sabe dirigir, esto implica que los demás pueden llegar al punto de no sentir quién está dirigiendo. En el aula, la presencia de un docente-líder, se expresa en la satisfacción con la que concluyen la clase los estudiantes, la alegría de ir a la escuela y las ganas de continuar aprendiendo.

El docente líder sabe trabajar en equipo, conoce las particularidades de sus estudiantes, los talentos de cada uno de ellos y sus expectativas y, partiendo de ellas, sabe cómo motivarles y comprometerles, colocando a cada uno en el lugar desde el cual pueden aflorar sus potencialidades y aportar de mejor manera. Sabe planificar e improvisar, no se desanima con las adversidades ni le asustan los problemas, sus estudiantes saben que es valiente y decidido, que maneja la dirección con firmeza flexible, cumpliendo siempre sus promesas, con lo que mantendrá un alto nivel de credibilidad.

Hace falta construir líderes que inspiren a las nuevas generaciones y se comprometan en la gestación de un mundo nuevo y, antes de ello, es preciso construir el liderazgo mencionado en el propio docente, de manera que se constituya en un factor de inspiración para sus estudiantes. Desde la Pedagogía Rebelde usaremos las grietas que deja el sistema para reforestar consciencias, aprenderemos de los errores ajenos, abriremos círculos de reflexión para repensar la educación y la vida, participaremos de esta existencia con la intensidad necesaria para sentir el pulso de la pasión y el ímpetu reservado para quienes están haciendo lo que aman. Urgente formar estudiantes líderes, reformar docentes, adherirlos al cambio, renunciar a las máscaras y compartir desde sus crepúsculos semillas de nuevos amaneceres. ¿Será verdad que es tarde? Presiento que hemos perdido demasiado tiempo, sin embargo, nos quedan los instantes precisos para redireccionar la vida y cultivar jazmines en todas las direcciones.

Precisamos líderes gestados desde la infancia, visionarios integrales dotados de un fuerte contenido ético, con una vida regida por principios y valores elevados, con la sensibilidad suficiente para gerenciar el poder sin corromperse, porque de antemano eligieron la coherencia como su contexto. A ti docente te digo: el liderazgo comienza con el desarrollo de la capacidad de dirigir primero tu vida, con la impecabilidad del guerrero de la paz que cuida cada detalle a tiempo de generar confianza y proyectar pasión por lo que hace.

Los líderes que necesita este tiempo, el nuevo mundo, poseen una profunda visión y deciden a menudo con la intuición; son humildes y decididos, saben planificar e improvisar, poseen una permanente actitud positiva, se comprometen completamente con lo que hacen, son responsables, generosos y solidarios, saben manejar su tiempo con impecabilidad y simultáneamente conocen sus límites. Aprenden de sus errores y están comprometidos con su consciencia para continuar aprendiendo y creciendo.

El liderazgo del que te hablamos, se aplica a diversas situaciones y estilos de vida y, en lo fundamental, se adecúa al quehacer educativo. El docente líder sabe cuidar a su gente y formar oportunamente los liderazgos que continuarán su labor, sabe motivar, es decir, contagiar entusiasmo, preservar un alto sentido de justicia, conservar su coherencia en crecimiento, gestionar con lucidez el manejo del poder, el cual verá siempre como un medio y nunca como un fin en sí mismo.

Incansablemente educador, infinitamente inspirador, insustituible por su vibración, humano de raíz profunda y agradables frutos, erradicador de obscuridades, desatador de nudos que encadenan, generoso en otorgar lámparas, encendedor de iniciativas, el docente-líder es aquel que levantó su silencio e invirtió su energía en rectificar el destino, germinar la semilla y cultivar árboles y lanzar luz sobre la sombra. Él escogió por trabajo una misión y acercándose al oído del recién llegado le dijo: "te ayudo a construir tus alas si te comprometes con la vida en su versión plena".

A veces, el mayor problema de los niños, niñas y jóvenes son sus contextos familiares, hablemos de esto en la próxima carta.

Hasta pronto,

¿Y si volvemos a jugar y tomamos más en serio al humor?

"Sin sueños no verás la vida de colores"

CARTA 24

Ref. CUANDO EL CONTEXTO FAMILIAR ES EL PROBLEMA

Estimado Profesor / Estimada Profesora:

Están tan ocupados los papás y las mamás que no tienen tiempo para sus hijos. Los niños juegan al principio con la nostalgia, con el tiempo se acostumbran a las puertas giratorias y a la presencia de la ausencia; al principio ahogaron en su corazón las ganas de compartir sueños, de jugar con ellos y mostrarles sus descubrimientos, poco a poco fueron desapareciendo de su biografía; el umbral de sus días gradualmente se fue despoblando de la presencia de sus progenitores, nunca entendieron quién los ahuyentó de su vida. Al principio reclamaron su presencia, tampoco comprendieron la irresponsabilidad de cargar tantas responsabilidades; nunca entendieron por qué trabajaban tanto en nombre de los hijos y, simultáneamente, carecían de tiempo para ellos. Alguno sospechó que en realidad era un acto evasivo revestido de amor, envuelto en el papel de buen padre de familia, de madre ejemplar, extraño comportamiento existencial que ignora lo que realmente anhelan los hijos.

Y el tiempo continuó pasando, enredándose con horas, días, semanas, meses y, al final, años. La espuma de la vida tiene corta duración, el rostro de las nuevas generaciones revela que tras su indisimulable extravío, abundan hogares donde se estudia -mediante ejemplos cotidianos- el arte de complicarse la vida, graduarse de infeliz, además de cultivar el terreno de la incoherencia. Cuando el contexto familiar es el problema, deshierbar el corazón de los niños, niñas y jóvenes será el primer paso, para ayudarles a reconstruir sus vidas prematuramente atiborradas de contaminación casera.

La escuela convencional intenta educar a los hijos sin tomar en cuenta a la familia en su conjunto, cuando en verdad es necesario educar a todo el grupo familiar, generando una responsabilidad mutua, además de crear una interacción papás/mamás-docentes, construyendo invisiblemente las condiciones para educarlos, con el pretexto de ayudar a sus hijos. En realidad, no debería darse tareas y deberes para realizar en casa a los estudiantes, ellos necesitan su tiempo para reflexionar e investigar por su cuenta y según sus preferencias. En cambio, se debería enviar abundantes deberes para los papás y mamás, ya que precisan ser incorporados en condiciones de aprendices, quizá usando otro nombre para evitar herir susceptibilidades. Educar a la familia resulta indispensable para que no se conviertan en interferencia en el proceso formativo de sus hijos y, en el mejor de los casos, para que sepan acompañarlos de la manera precisa.

Educar al estudiante y su familia es una manera de prevenir que los hijos desemboquen en pandillas y adicciones. Es indispensable recordarles la importancia del buen ejemplo, de la coherencia, de estar conscientes de la imagen que proyectamos a los hijos. Padres y madres tienen que saber que gritarles o castigarles resulta un error de lamentables consecuencias, que el abuso de autoridad puede generar inseguridad, prolongar la inmadurez o instalar miedos en los hijos que luego tendrán por mucho tiempo como lamentable herencia. También deben evitar ridiculizarlos, enviar mensajes contradictorios, los hechos nunca deben contradecir a la palabra ni hacer demostraciones de descontrol emocional. Otro error frecuente de muchas familias es intentar que sus hijos sean lo que no pudo ser el papá o la mamá, tan erróneo como desconfiar excesivamente de los hijos o resolver sus problemas. Los hijos pueden ser orientados, inspirados, acompañados, pero dejemos que ellos mismos resuelvan los desafíos que les presenta la vida.

Otro error que se comente es sobreproteger a los hijos, esto los hace dependientes e inseguros. Chantajearles con premios, amenazarles con castigos, en especial cuando se asocia deberes escolares con castigos (este error lo comenten también con frecuencia algunos docentes) fabricando rechazos innecesarios. Prohibir y reprimir resulta tan estéril y contraproducente, esta práctica precisa ser erradicada sin demora, sus pobres resultados incluyen inducir a la hipocresía y generar comportamientos alejados de lo normal. No escuchar a los hijos es otro lamentable error, así como tratar a los niños como si fueran adultos; en el caso de los jóvenes, es lamentable que muchos papás y mamás no sepan adecuarse al tiempo de viven sus hijos.

Intentar hacerse amigo de los hijos a menudo resulta un error que conduce a que se pierda autoridad, de igual manera tiene lamentables consecuencias el no marcar los límites, ser extremadamente permisivos, así como dar mal ejemplo, intimidarles o decirles lo que les cuesta pagar sus estudios. Educar a las familias es necesario para evitar que situaciones como las mencionadas sean parte del problema que, posteriormente, se expresará en bajo rendimiento, deserción escolar y comportamientos violentos.

¿Qué relación existe entre deserción escolar y el fracaso de los sistemas educativos contemporáneos? ¿Cuándo se enviará a los papás y mamás a la escuela o, por lo menos, cuándo se publicarán manuales de cómo ser buenos padres/madres de familia y que quienes decidieron tener hijos los estudien y sean evaluados en su correcta comprensión del contenido?

Si no educamos también a las familias, muy probablemente, serán parte del problema. Precisamos que la escuela se convierta en una comunidad educativa que incluya al papá, a la mamá y a los hermanos de los estudiantes, necesitamos que ellos tomen la iniciativa y se involucren más en el proceso educativo dejando de sobrevalorar las notas y dar más importancia a los estudios que a la felicidad de sus hijos y evitando que los conflictos conyugales terminen afectando su tranquilidad.

Finalmente, mencionar que los malos hábitos, en especial alimenticios, se transmiten en hogares desestructurados y sin visión, del mismo modo, la presencia paterna, la existencia de un hogar con mamá y papá no será suficiente si ellos no son un ejemplo de comprensión e inspiración, de guía y orientación lúcida. Hay casos -y no pocos- en los que los padres son el problema. Te invito a reunirnos en la próxima carta para abordar el olvidado tema de la corporalidad.

Hasta   pronto,

"La educación no disfrutada está condenada a degradarse"

"La coherencia te da poder. La libertad posibilidad de autenticidad. La vida oportunidad de evolución. Tu consciencia ser tú mismo"

CARTA 25

Ref. GERENCIANDO TU CORPORALIDAD

Estimado Profesor / Estimada Profesora:

Somos una consciencia vestida temporalmente de un cuerpo, sin embargo, en lo concreto, el cuerpo es todo lo que tenemos, nuestra zona sagrada, nuestro sitio de placer, nuestro altar desde el cual podemos conectarnos vía inteligencia sutil con las otras realidades que también están aquí. Unos eligieron ser verdugos de su sensibilidad, otros prefirieron saquear su vitalidad hasta convertir su cuerpo en escombro; para las articulaciones inventaron la artritis, la rigidez somatizada, para los ojos la miopía que les incapacita tener la visión y, con ello, la comprensión de su propósito existencial; la gradual sordera solo les permitirá escuchar frivolidades, el smog atmosférico les impide respirar profundo y darse cuenta que están vivos, habitando un presente cada vez más ausente; para el aparato digestivo fabricaron la gastritis y los más radicales las úlceras, para el nudo emocional y el descontrol; para el aparato psíquico los desequilibrios, para el sistema óseo inventaron el azúcar refinada que los descalcifica intentado obtener más temprano que tarde una osteoporosis, algunos por iniciativa propia prefirieron la variante diabética. Para el corazón se inventó el infarto cardíaco, para los músculos el sedentarismo y para el cuerpo el sobrepeso con aspiración a la obesidad. El resultado contemporáneo es que el gerente de la corporalidad reprobó en el importante trabajo asignado y fue despedido de la vida prematuramente, en su negligencia nunca se dio tiempo para hacer ejercicios ni tuvo la iniciativa de danzar.

Reencontrarse con el cuerpo, con independencia de la edad que tengamos, es fundamental, así como que los docentes trabajen primero en sí mismos y, a continuación, trasladen esta experiencia al aula y la compartan con sus estudiantes. Disponemos de un cuerpo que requiere que tomemos conciencia de sus requerimientos sin olvidar el carácter psicosomático que articula la mente con el cuerpo y la repercusión de las emociones en la salud. Ahora se sabe que las emociones afectan hasta la postura corporal, que la manera de caminar, incluso de mirar, expresa lo que nos está ocurriendo. Al observar el cuerpo de un estudiante, podemos darnos cuenta de muchas cosas que está viviendo en ese momento; estemos atentos a su forma de respirar, a su tensión o relajamiento corporal, a sus movimientos y postura. En determinadas situaciones, tomar en cuenta estos detalles resulta fundamental para evitar desenlaces lamentables.

Entendemos por somatización la transferencia a lo corporal de emociones o intenciones, convertidas a menudo en problemas de salud o síntomas incómodos, esto deben saberlo los estudiantes para aprender a evitar interferencias en su rendimiento. Es indispensable aprender a gerenciar la corporalidad, o sea, saber administrar lo que pensamos y sentimos con lo que hacemos y la manera como nos relacionamos, sin olvidar que el cuerpo es una construcción social que el proceso educativo debe modelar adecuada e integralmente, en un contexto donde se relacionen el cuerpo, el ciudadano y la cultura a la que pertenece.

En otras palabras y en lo que nos interesa como educadores se trata de desarrollar la sensibilidad para estimular el aprendizaje, recuperar la creatividad corporal y, con ello, mejorar la autoestima. Redescubrir la corporalidad es reconocimiento de nuestro cuerpo traducido en conciencia corporal y capacidad de organizar nuestras sensaciones corporales, es la intuición de nuestro cuerpo y la comprensión de cómo interactúa con el entorno, es posibilidad de armónico desarrollo motriz y afectivo, es reorientar nuestro cuerpo y comenzar a desbloquearlo.

El sedentarismo en este tiempo ha inmovilizado al cuerpo mientras el estilo de vida predominante ha fragmentado mente, cuerpo, emociones y naturaleza. Este es un tema que se debe abordar en el aula, en la perspectiva de revalorizar el cuerpo, de ir más allá de lo biológico y fisiológico y aprender por momentos a desconectar la razón y reencontrarse con la música, con la danza espontánea como expansión personal que aumenta las sensaciones corporales. La danza es comunicación no verbal que todo estudiante debe experimentar para incrementar su autoconocimiento y disfrutar del movimiento tan reprimido en esta sociedad.

El cuerpo expresa lo que siente, lo que quiere, lo que es; sin embargo, no debemos olvidar que la psiquis influye poderosamente sobre él, la vergüenza se traduce en un sonrojarse, el miedo en sudoración o incremento de la presión, algunos médicos comienzan a descubrir la fuerza terapéutica del placebo, de un medicamento que no es tal pero que actúa como si lo fuera gracias al poder de la sugestión y la relación psicosomática existente en los humanos.

La corporalidad alude a los aspectos internos de nuestro cuerpo, psicosomáticamente entendidos y cómo se expresa con el entorno, es la relación entre lo anímico y lo corporal y, en este caso, su relación con el aprendizaje. En este sentido es necesario que en el aula se aborde este tema, que se dé más importancia a la música y a la danza, al movimiento articulado con las emociones, a la expresión de las mismas en forma de movimientos, a su transformación, auténtica transmutación que puede convertir emociones negativas en positivas. Que se dé tiempo a hablar sin palabras, danzar con el espíritu, caminar más para oxigenar mejor nuestro cuerpo, administrar con lucidez la vitalidad heredada, mayor contacto con la naturaleza en forma de baños de aire, de agua fría, de sol naciente, de lluvia, además de una nutrición equilibrada, reencontrándonos con nuestro cuerpo en la fiesta de la espontaneidad, de la salud y la felicidad, del reencuentro del cuerpo con la razón lúcida y las emociones adecuadamente expresadas y canalizadas en la perspectiva de los objetivos planteados.

Ocuparse de hablar de este tema en el aula y donde corresponda, trabajarlo con música y danza, con actividad física y contacto con la naturaleza resulta fundamental. Hablemos a continuación de los secretos de la formación autodidacta...

Hasta pronto,

CHAMALÚ

"RECUPERA TU ENTUSIASMO, RECONSTRUYE TU PASIÓN; VIVIR ES FUGAZ, ES FUEGO MÁGICO, IMPOSTERGABLE"

"PODER ES AQUELLO QUE TE PERMITE HACERTE CARGO DE TU VIDA Y SER FELIZ CUANDO TU DECIDAS"

CARTA 26

Ref. EL SECRETO DE LA FORMACIÓN AUTODIDACTA

Estimado Profesor / Estimada Profesora:

Cada año renovamos el calendario, no pasa lo mismo con la vida civilizada que también requiere permanente renovación, la vida es una encrucijada para quien no está preparado integralmente, la existencia germina encorvada, las puertas cerradas, torcido el destino, prisionera la felicidad. Morirá con sus talentos intactos quien se conformó con lo convencional, la noche será extensa si naufragó la creatividad, las estrellas no se visten de luz cuando la ignorancia existencial desplegó toda su anatomía a lo largo y ancho de la vida.

Los caminos incluyen tempestades, urgente germinar la capacidad de resolverlos; cada día incluye el reloj que marca la puntualidad con la que se marcha el tiempo, los instantes sollozan cada vez que se extinguen sin haber sido aprovechados. El planeta gira, cuando da la espalda al sol la sombra que proyecta se llama noche, el amor sostiene la vida, la felicidad es el terreno. Seamos realistas, estamos condenados a ser felices. Respira polvo de las estrellas, envía luz a tus células, la vida es una estación provisional, no se detiene nunca, parece ansiosa en su flujo e indetenible en su marcha, la vida es el océano de oportunidades, un mar profundo que se conecta con la eternidad.

¿Tú, docente amasador de consciencias juveniles, estás alojado en la plenitud? ¿Acudes a la cita cotidiana con el silencio, ese idioma desde el que nos hablan los ancestros y los habitantes de mundos paralelos? ¿Resides cerca de la Vía Láctea, justo donde palpita el cielo y te acoge el Universo, mostrándote que posee otro tiempo y se conecta con otros universos?

La educación oficial selecciona cuidadosamente todo lo importante, lo fundamental para la vida para, a continuación, descartarla. Es decir, es posible tener una licenciatura, un par de maestrías y un doctorado y, simultáneamente, no saber vivir, no conocerse ni estar en condiciones de manejar la mente y las emociones. Ante ese panorama es importante revalorizar la formación autodidacta, ya que el autodidactismo ha sido y seguirá siendo el mejor sistema educativo.

Entendemos por autodidactismo la autoformación, el enseñarse a sí mismo, después de haber seleccionado cuidadosamente las mejores lecturas y material didáctico, en esta época abundante en el mundo virtual. Resulta saludable en muchos casos el tener uno o dos mentores o por lo menos asesores, expertos en el área de nuestro interés para ayudarnos a seleccionar la bibliografía y evitarnos pérdidas de tiempo con material que parece bueno, pero no pasa de parecerlo.

Formarse uno mismo tiene numerosas ventajas y, en verdad, no constituye un impedimento para tomar cursos regulares, más aún si nuestros planes incluyen calificar para alguna alternativa laboral oficial donde los diplomas son un requisito. Personalmente realicé la experiencia de estudiar cinco carreras universitarias para abandonarlas cuando veía que ya no me aportaba lo que buscaban, porque había de antemano descartado el diploma, no estaba, nunca estuvo en mis planes usarlo para trabajar, sin embargo, cuando necesité cumplir ese requisito académico para presidir un proyecto de postgrado en otro país, elegí una sexta carrera universitaria y luego una maestría para habilitarme. El proyecto más adelante cambió y no volví a necesitar los diplomas obtenidos, refugiándome nuevamente en un aprendizaje a mi medida. Me encanta dirigir lo que aprendo, mejora la confianza en mí mismo y siento que amplía mi libertad, además de permitir acceder a lo que requiero con más rapidez. Con la formación autodidacta podemos evitar lo inútil, aprender a resolver problemas por nosotros mismos, desarrollar la perseverancia, porque no hay nadie imponiéndote un horario ni exigiéndote pruebas, hasta la autoestima lo agradece. Al fortalecerse la responsabilidad nos vuelve autosuficientes y nos prepara para enfrentar con mejores resultados los diversos retos que nos da la vida.

La formación autodidacta en el docente le habilita para retrasmitir esta valiosa experiencia a sus estudiantes, que ellos sepan que esta modalidad no incluye título, pero es la mejor manera de aprender, porque se ajusta a la medida exacta de lo que precisamos y puede ir al ritmo personal de cada uno. Esta modalidad también nos ayuda a formarnos como personas, porque uno elige qué aprender y la manera de hacerlo, recuerda que vivir es elegir y que somos consecuencia de lo que hemos elegido.

Al seleccionar las lecturas y proponer de manera paralela educarnos en casa estamos revalorizando los métodos personalizados y entrenando al joven para que se comprometa con su educación. Estamos en el siglo XXI, el mundo en el que surgió la educación convencional ya no existe y preservar instituciones al estilo de lo que eran en el siglo XVIII resulta un peligroso anacronismo. Sabemos que aprender es natural, sin embargo, como educadores que somos, también sabemos que esta tendencia natural es destruida por la obligatoriedad. A todos los niños y niñas les encanta jugar, pero obliguémosles a jugar cada día en un horario también obligatorio y terminarán odiando lo que amaban.

Es necesario ir repensando el hogar como la primera escuela, no se trata de suprimir los centros educativos sino de reciclarlos y refundarlos; repensemos la atrevida idea de que los niños cuanto más tarde vayan a la escuela mejor, repensemos la práctica de ambos padres trabajando por los hijos al punto de no verlos casi nunca, no saber escucharlos ni conocer lo que les está pasando. ¿Qué ocurriría si los padres y madres trabajaran menos por los hijos? Sin duda se crearían lazos afectivos más sanos y profundos y estarían los jóvenes mejor preparados para la vida. Repensemos la idea de los papás como agentes educativos coadyuvando de cerca el quehacer docente; repensemos la situación de los hijos estudiando mucho más en casa o en centros culturales, en círculos de vecinos, generando alternativas educativas paralelas, que desconcentren la educación y la adecúen mejor para los requerimientos de la vida diaria.

Reposicionando la formación autodidacta, el docente se habituará a una actualización permanente y los estudiantes avanzarán motivados y a su propio ritmo. "Escolaricemos" el hogar y ayudemos a que nuestros estudiantes aprendan por su cuenta, que los jóvenes intercambien ideas y conocimientos de manera presencial y virtual, que se desarrolle una disciplina desde uno mismo, que se aprenda a disfrutarla, que existan de manera paralela e invisible escuelas virtuales que apoyen estas iniciativas, de esta manera los estudiantes aprenderán a ser responsables y amar la educación, porque estarán enfocados en lo que les gusta.

Valoremos el proceso sin olvidar los resultados; recordemos también que Einstein fue un alumno mediocre en la educación formal y brillante en la modalidad autodidacta. La creatividad es otra clave fundamental que será abordada en nuestro próximo encuentro.

Hasta pronto,

CHAMALÚ

"Somos libres de hacer lo que se nos ocurra, siempre y cuando no dañemos al otro, a nosotros mismos ni a la Madre Tierra"

"Tener problemas es normal, lo que no es normal es complicarse con ellos"

CARTA 27

Ref. LAS CLAVES DE LA CREATIVIDAD

Estimado Profesor / Estimada Profesora:

Te diré que solo acumulo recuerdos positivos, aquellos que me dan placer recordar, los que me enseñaron y enriquecieron mi formación y aquellos que sirven para ayudar a los demás, el resto fue invariablemente enviado al basurero del olvido. Duerme mi paciencia, le despierto cuando necesito su consejo, habitualmente se mueve cada día mi iniciativa, anhelando inaugurar los emprendimientos necesarios para exprimir el presente y convertir el paso del tiempo en crecimiento. Como docentes, tenemos el deber de permanecer alertas, romper la rutina en nuestras vidas para ser mejores ejemplos ante quienes vienen a formarse en el aula, este accionar deberá ser lúcido y tomando en cuenta el contexto en el cual operamos; será necesario saber llamar la atención cuando es preciso y saber pasar desapercibidos cuando nuestras huellas podrían ser una debilidad.

Cada uno en su sitio, allá donde por estar en nuestro eje tenemos la administración del poder; si garantizas estar en el lugar adecuado, con la actitud precisa, sien-do y haciendo lo que te corresponde, tendrás al Universo de aliado. La docencia es un apostolado; la educación convencional propone convertir en cenizas la creatividad, el molino se llama programa educativo, no hay culpables, solo intereses y administradores de los mismos. Urgente recuperar la creatividad de nuestros estudiantes, ayudarles a evitar que se pierda más tiempo, el aleteo no es suficiente, ellos precisan aprender a volar, con la creatividad recuperada los problemas y adversidades no impedirán la fiesta de la vida; tú como docente puedes ser aliado y cómplice, el guía que ayudó a la oruga a convertirse en mariposa.

La creatividad es la capacidad de crear, de explorar y experimentar, es un potencial humano que requiere ser estimulado; la educación que no desarrolla la creatividad termina perjudicando al estudiante. Discrepamos con la idea que la inspiración es una musa que nos visita solo de manera eventual y caprichosa, totalmente ajena a nuestra voluntad. Desarrollar la creatividad es aprender a vivir inspirados usando de manera permanente esa creatividad en las más diversas situaciones de la vida. Un problema abordado con creatividad deja de ser tal y se convierte en un reto divertido en el cual podemos desplegar nuestra capacidad creadora, aprender y divertirnos en el proceso.

Todo docente tiene el deber de ser creativo y desde su experiencia compartir el acceso a la creatividad, porque ella se alimenta cada día, se nutre con los viajes y tonifica cada vez que rompemos la rutina. Evitemos esclavizarnos a las pantallas que aplanan nuestra creatividad, evita a quienes no valoran tu capacidad creadora, tus ocurrencias y originalidad; todo puede hacerse de otra manera, los caminos únicos siempre son una mentira, eso también deben saberlo nuestros estudiantes, de esa manera crecerán con la mente abierta y el aula será una fiesta de crecimiento.

El silencio y la soledad son territorio fértil para la creatividad, para que lluevan ideas y para conectarse creativamente con las diversas situaciones de la vida diaria. Proponte encontrar nuevas asociaciones entre ideas y conocimientos, ser creativo no es inventar la pólvora todas las veces, a menudo es simplemente mezclar de manera diferente conocimientos preexistentes; sin embargo, necesitarás estar sereno, tu tranquilidad es fundamental a la hora de crear, sin prisa ni estrés, simplemente estar plenamente en lo que estés. No te acostumbres a las típicas soluciones de siempre, desarrolla habilidades en diversos campos para buscar y crear soluciones raras, disfruta de la sorpresa, asómbrate de cómo es posible que lo mismo de siempre sea hecho de otra manera. Pensar fuera de lo convencional, reflexionar sin normas, ayuda a hacer de la innovación permanente nuestro estilo de vida.

Trata de encontrar nuevos usos a lo ya conocido, a menudo es necesario atreverse a pensar como los niños; genera para ti hábitos creativos, amplía tus límites constantemente y no dejes de observarte. Asocia, deja volar tu imaginación, rechaza recurrir a las soluciones convencionales, recombina conocimientos recién adquiridos con otros antiguos, transita con libertad por senderos de espontaneidad, apártate a ratos de la lógica y lo secuencial, mantén siempre tu enfoque y no temas equivocarte.

El caos es un orden diferente que un creativo puede usar a su favor, si quieres garantizar un constante flujo de ideas trata de hacer lo que amas o amar lo que haces, sin olvidar que el pensamiento creativo y reflexivo es una habilidad que se desarrolla más aún cuando estamos disfrutando. Un profesor creativo encontrará la manera de hacer que sus estudiantes se interesen por aprender, aguijoneará su creatividad, los sorprenderá rompiendo con frecuencia lo convencional, no temerá admitir que todo tiene un margen de error ni evitará hacer actividades repetitivas porque en ellas estaremos conscientemente con el piloto automático, en esa secuencia, podrán venir más ideas creativas. Un docente creativo sabe que el verdadero aprendizaje es necesariamente creativo y, en consecuencia, genera estudiantes supercreativos al estimular permanentemente su capacidad creadora.

Si todo puede hacerse de otra manera, es deber de los docentes estimular la creatividad de sus estudiantes, crear un clima de creatividad en el aula, estimular, por ejemplo, a que cada uno encuentre su mejor manera de aprender. Convertida el aula en un espacio agradable el aprender será divertido, la escuela una fiesta de crecimiento, la vida una maravillosa aventura para la cual cada uno se está preparando integralmente.

Si los inducimos a la innovación, si les ayudamos a ser creativos en las soluciones de los problemas de la vida diaria, si les motivamos a generarse hábitos recomendables como la lectura por el placer de leer, si les animamos a que mediten y reflexionen, a que se arriesguen a conocerse, a que aprendan a observarse sin juzgarse, a que valoren la soledad, la naturaleza, los momentos de silencio, a rodearse de gente inteligente, si estimulamos su curiosidad, a no temer al ridículo ni al fracaso habremos logrado algo maravilloso. Si entrenamos a los jóvenes en visualización creativa habremos direccionado la educación en la perspectiva correcta. Los niños y niñas son pura creatividad y curiosidad, con no matar eso será suficiente. Hablemos en la próxima carta de un tema que casi nunca se habla: la imperturbabilidad docente.

Hasta pronto

CHAMALÚ

"Atrévete a recuperar tu vida y hacer realidad tus sueños"

"Quien aprende de sus caídas no se ha equivocado"

CARTA 28

Ref. LA IMPERTURBABILIDAD DOCENTE

Estimado Profesor / Estimada Profesora:

Es domingo por la tarde, la gente descansa liberada de sus compromisos laborales; es increíble como toda la vida en la actualidad gira en torno al trabajo, las reuniones familiares proliferan en días como hoy, se cuidan las apariencias, se mienten por turnos con toda honestidad. La honestidad hace tiempo fue cortada en pedazos, la vida en principio parecía invencible, sin embargo, en la actualidad acabó derrotada por la frivolidad y el consumismo; las entrañas del estilo de vida recomendado revelan un indisimulable vacío; con frecuencia se ven sombras entrar y salir del presente, hay trocitos de existencia tirados por todas partes, hay gente disfrazada de lo que no es, diciendo lo que no piensa, haciendo lo que detesta. Este es el destino que debemos evitar para nuestros niños y jóvenes, si no pudo la civilización destruirles hasta la adolescencia estamos a tiempo de reciclar la esperanza.

No dejemos tranquilos a los estudiantes que están quedando adormilados por un estilo de vida profundamente frívolo. No es cierto que la claridad sea oscura, que el sufrimiento sea un destino, que la infelicidad tenga longevidad natural; tenemos el pasaje pagado para dar una vuelta alrededor del sol cada año, somos tripulantes, no eventuales pasajeros, si no te enseñaron a vivir plenamente, nunca es demasiado tarde para hacerlo y de inmediato contagiar ese fervor vivencial a tus estudiantes. No es correcto que estés tan ocupado, que no te quede tiempo para vivir bien.

Si vamos a gastar nuestra vida trabajando que sea siendo parte de los que están construyendo un futuro diferente, ese anhelado mundo nuevo al que podrán llegar sin miedo los niños y niñas que aún no han nacido. Como docente estás condenado a ser feliz, a estar en formación constante, a tener un estilo de vida emprendedor desde la serenidad, a ser un riguroso observador de ti mismo; tienes el deber de conocerte para remodelar todos aquellos aspectos que sean necesarios transformar. Denominamos imperturbabilidad a la capacidad de no ser desequilibrados por el caos del entorno, a la habilidad de permanecer en nuestro centro, nuestra zona de poder, con independencia de lo que surja alrededor, obviamente esta capacidad se desarrolla y todo comienza tomando consciencia de la importancia de no delegar a nadie el poder de hacernos sentir mal.

Apóyate en tus fortalezas, medita y reflexiona al comenzar y terminar el día, permanece alerta observándote en todo momento; esto se refiere a desconectar el piloto automático y hacer lo que haces conscientemente, deja los automatismo para cuando realmente sea necesario, en principio, entrena tu alerta sereno, tu capacidad de observarte e identificar el pensamiento que hay detrás, la emoción que está tiñendo esa decisión, de esta manera podrás aprender a canalizar, direccionar y reciclar pensamientos y emociones. Descarta los estimulantes y el pesimismo, encuentra tu manera de interpretar las cosas, elabora un glosario propio, no temas redefinir las palabras que sean necesarias, el lenguaje es arbitrario y debe estar al servicio de la vida.

Si es necesario cambia tu modelo interpretativo y verás cómo todo se pone diferente y casi nada te afecta como antes, adopta en toda situación una actitud optimista, rodéate de frases positivas. Hace un tiempo comenzamos a escribir mensajes inspiradores y frases positivas en las redes sociales. Casi de inmediato miles de personas nos escribieron agradeciendo el gesto. A veces una frase positiva es todo lo que precisamos para poner de pie al entusiasmo. Analiza en vez de preocuparte, haz lo que amas, disfruta incluso al hacer algo serio, encuentra tu ritmo óptimo en la vida y tómate en serio el humor; valora tu tiempo y expresa lo que sientes, llorar de vez en cuando puede resultar terapéutico, reprimir las emociones es patológico, éstas deben ser canalizadas o alquimizadas, mas nunca reprimidas.

Conserva tu mente abierta, vivir es aprender y se aprende mejor fluyendo descomplicadamente, disfrutando de lo que te toca hacer. Observa la situación siempre desde tu alerta sereno, por ejemplo, ¿qué está pasando en el aula? ¿Qué hacer cuando hay indisciplina y desorden? Fundamental que no te enojes con respuestas torpes de los adolescentes, para ello es importante no dejar de observarse, desarrollar la sordera selectiva y la amnesia auto inducida, sin embargo, es necesario que ellos aprendan a hacerse cargo de los efectos colaterales de lo que dicen o hacen. Por tu parte, recuerda que es mejor desarrollar la comprensión que soportar la tolerancia.

Importante que nada lo tomes personal, los estudiantes están haciendo su propio proceso, ellos comienzan idealizando a sus padres y luego detestándolos, obsérvate en todo momento, la amabilidad nunca deberá estar ausente y ella incluye respeto incluso a quien no lo merece, en verdad, tú mereces no bajar tu nivel de consciencia y preservar tu calidad vibratoria. Comprende las cosas que pasan en el aula y en la vida sin perturbarte, enseña a tus estudiantes a ser comprensivos, a ponerse en el lugar del otro, a escuchar y aceptar las diferencias. Camina conscientemente, date tiempo para ti, mantente siempre en tu eje, en tu centro, en él eres poderoso e imperturbable; que la serenidad sea tu hábito, ella es una emoción superior.

Permanece con el cuerpo relajado, la auto-observación te ayudará a darte cuenta cuando te estás tensionando. Realiza ejercicios cada día, esto ayuda a controlar el estrés, instálate en el presente, delega lo que no sepas hacer o aquello que te disgusta; observa cómo manejan tus estudiantes sus relaciones, sé paciente, pero marca los límites y enseña a vivir regulados por principios y valores; no seas esclavo del teléfono y cuando te pregunten siempre da respuestas conscientes. Vivir conscientemente, eso es imperturbabilidad. Complementariamente reduce el ruido de tu vida, la pérdida de tiempo y el desorden, vive en coherencia con tu código ético, imperturbabilidad a toda prueba, entonces estarás en condiciones de surfear tsunamis y enseñar a tus estudiantes el maravilloso arte del autocontrol mental y emocional, a transitar el sendero de la imperturbabilidad que recorres cotidianamente sin prisa ni pausa. Un docente así será inolvidable. Quiero que hablemos a continuación de la importancia de convertirse en experto en motivación.

Hasta pronto,

CHAMALÚ

"Solo es libre quien se conoce, se gobierna y conoce su misión"

"No hay reglas, hay principios, no hay dogmas, hay libertades"

CARTA 29

Ref. EXPERTO EN MOTIVACIÓN

Estimado Profesor / Estimada Profesora:

No sabía lo que no sabía hasta que me apunté a la disidencia, tampoco sabía que la infelicidad es inducida, que el sufrimiento es optativo, que las enfermedades son evitables y que la libertad se amplía reduciendo las necesidades. Es una broma triste pensar que todo está decidido por un destino; habitamos la zona de misterio, hay cosas imposibles de entender sin modificar nuestro nivel consciencial, hay milagros que la ciencia intenta explicar sin éxito, somos humanos y dioses, el animal no está lejos. Si el hombre quiere ser realmente humano, deberá conocerse y saber transformarse, como mínimo manejar su energía y preservar un fluido autocontrol.

Cada día nos entrega un racimo de instantes, desde el lado invisible cotidianamente disparan una ráfaga de oportunidades; ¿cuántas cicatrices transporta el alma de nuestros jóvenes? Muchos ignoran que nadie nació para correr y trabajar. Se retuerce la felicidad cuando los enjambres de necesidades innecesarias sobrevuelan nuestra coyuntura existencial. Hay quienes se habituaron a sus cadenas; imprescindible recomenzar la vida cada día y usar el combustible de la automotivación; somos edecanes de la plenitud y guardianes de la vida; el miserable festín del consumismo nada tiene que ver con nuestro propósito existencial, vinimos a disfrutar de una experiencia evolucionaria, el olor del dolor es prescindible, todo es mental, las emociones pueden elegirse y transmutarse, no permitas que ningún miedo aceche tu vida interfiriendo en tus decisiones, no admitas que te claven necesidades falsas, asegúrate que tus pies busquen tu camino, ese que te conducirá al cumplimiento de tu misión y a la vida plena.

Motivar es entusiasmar y esto debe ocurrir a partir de sus ideas, de lo que a tus estudiantes les interesa, por eso comienza averiguando qué es importante para ellos sin olvidar que primero tenemos que lograr que estén contentos, felices, que se sientan valorados y útiles; un buen docente motiva y, antes de ello, sabe lo que sus estudiantes necesitan, a menudo los niños, niñas y jóvenes solo precisan que se crea en ellos.

Motivar no es sobornar con premios, es dar poder, es ayudarles a que se enamoren de aprender y tengan ganas de contagiar a sus amigos lo aprendido; motivar es emocionarles, hacerles sentir bien, es valorarles y reconocer logros y esfuerzos, sin embargo, antes de comenzar, será preciso tener claro lo que se quiere lograr, es bueno expresarles que sí lo lograremos.

Cuando te comuniques, usa frases motivadoras, más aún si estás con tus estudiantes, evita ofrecer sin un previo y riguroso análisis cualquier forma de recompensas, esto podría convertirse en un arma de doble filo, primero empatiza con ellos. ¿Sabías que en un estudiante motivado hasta la memoria mejora? Motívale de diversas formas, plantéales desafíos, objetivos altos, pero alcanzables, algunas veces motiva mucho el decirles ¡Hagámoslo juntos! También es bueno motivarles para que se conecten con lo espiritual, que no descuiden su paz interior y el autoconocimiento. Un dato complementario: dales tu tiempo.

Un buen profesor mantiene motivados a sus estudiantes, genera un grupo solidario, que se ayuden entre sí. De manera previa asegúrate tú estar motivado, recuerda que el docente tiene que estar motivado para motivar. Diles que confías en ellos y lo que esperas, que tus alumnos quieran ser como tú es una buena señal. De manera previa y simultánea siempre trabaja contigo, precisas conocer tus fortalezas y talentos y convertirte gradualmente en un experto en automotivación, sin olvidar nunca de tener tus objetivos nítidamente formulados, así como la manera de alcanzarlos.

A veces, lo que presencias en tus estudiantes no es falta de motivación, es vacío existencial. Un estudiante desmotivado no aprende, un adolescente no valorado genera resistencia al aprendizaje, no importa qué recursos didácticos usemos, nada funcionará si no tomamos en cuenta la crisis en la que se encuentra. Motivar es inspirar y no podemos enviarles mensajes contradictorios, por ello, cuida tu lenguaje cuando critiques, oriéntales más que criticar y, a continuación, motívales al punto de que aprendan ellos mismos a motivarse por sí solos.

Primero logra que quieran aprender, que comprendan la importancia de formarse y transformarse, motívales a que desafíen los límites de lo posible, recuérdales que todos los límites son superables, si ya encontraron su propia motivación y razón de vivir. Quienes llegaron a la cima del éxito, lograron ese resultado no solo porque fueron persistentes, sino, además, porque eran felices, estaban motivados y llenos de entusiasmo.

Finalmente, decirte que si quieres ser un docente motivador tus estudiantes deberán divertirse en el aula, si ellos disfrutan, aprenderán más rápido y ese aprendizaje será inolvidable. Recuerda esto: más que incapacidad de aprender de muchos es déficit de motivación, ausencia de pasión o infelicidad crónica; trabajando las causas, resolveremos los efectos definitivamente. Tampoco olvides usar frases motivadoras cuando hablas con ellos, si debes llamarles la atención por algo hazlo en privado, pero reconoce honestamente sus logros en público y siempre llámalos por su nombre. Sorpréndelos, desafíalos, que te vean siempre motivado, a veces con problemas, pero con la motivación intacta. También podrías elaborar con fragmentos de tu vida, didácticas, enseñanzas que les permita aprender a ellos indirectamente, puedes convertir en cuentos incluso tus errores.

Un docente motivador tendrá alumnos que estén encantados de vivir.

Respiro profundo, me espera lo inesperado, un día dejaré de escribirte y de improviso la rigidez será vasta y el silencio marchito, dejará que la golondrina de la vida emigre definitivamente de mi cuerpo, las olas de las preocupaciones habrán cesado, las huellas de lo compartido sobrellevarán las últimas intenciones. Me motiva estar vivo, estas cartas son la prueba de mi fervor existencial. Hablemos, a continuación, de la importancia de la coherencia como la zona donde emerge el poder.

Hasta pronto,

CHAMALÚ

"La educación debe buscar devolver al humano la capacidad de abordar su mundo interior y liberar su potencial"

CARTA 30

Ref. LA COHERENCIA DA PODER

Estimado Profesor / Estimada Profesora:

Al abandonar la recomendada zona de confort accedemos a la zona de poder, territorio donde el humano adquiere la ciudadanía planetaria, la soberanía existencial donde casi todo es posible. ¿Quieres conocer la vida? Recupera tu poder, sé interminable cuando se trata de avanzar rumbo a tus objetivos, el tiempo no distingue a quienes están dormidos, el racimo de instantes que incluye cada día es limitado, tu vida es tuya, nadie hará lo que tú no te atrevas a realizar.

No des más infelicidad a la Tierra ni mal ejemplo a quienes acuden a formarse cotidianamente contigo. Quizá un día regreses a este sitio, mas este paso por ella no debe ser en vano. Identifica las oportunidades, la parcela de universo que recibiste para administrarla. Quiero hablarte de la vida, incitarte a vivir desde tu zona de poder, seguir el ritmo del flujo desde tu centro, no renunciar al derecho de soñar. No gastes tus días en vano, no dilapides tu existencia logrando éxitos banales, sumérgete totalmente en la vida, descansa lo necesario, reparte ternura, elige vivir con pasión; es inmenso el tiempo cuando sabemos cultivarlo, será noche polar si preservamos la ignorancia y corremos tras necesidades falsas.

Envuélvete en la fragancia del crecimiento, usa un collar de estrellas, tendrás la razón cuando escuches a tu corazón, no hay necesidad de saber muchas cosas, es imprescindible aprender a vivir desde el poder que da la coherencia. Si habitas tu zona de poder, tu presencia plena, será la más poderosa forma de ejercer tu influencia en el aula y dejar huellas inspiradoras en tus estudiantes. Asegúrate que te vean sereno, relajado, poderoso en tu coherencia, de esa manera podrás ante tus estudiantes conservar la autoridad a través del respeto, preservando la credibilidad, terreno sobre el cual podrás influir positivamente en ellos. Es mejor y más inteligente ser coherente.

Quiero preguntarte si podrías recomendar a tus estudiantes lo que haces, los hábitos que tienes, el estilo de vida elegido; recuerda que la coherencia es el punto de partida, requieres ir en constante incremento de tu propia congruencia, ella no debe asociarse con la perfección, no se trata de no cometer ningún error, sino de vivir con la energía enfocada en objetivos y principios elevados, esto te habilita para ser un educador, recuerda que no se puede dar lo que no se tiene. Nuestra propuesta es observarse para conocerse, conocerse para transformarse, en este proceso adquieres el poder de rediseñar tu vida y disfrutar la vida que elegiste.

Evita justificarte, evita contradecirte, descarta el pragmatismo, recuerda que la vida plena otorga credibilidad a tu presencia. Sé coherente, mas no exijas coherencia a otros, ya que esta es consecuencia de un estado de consciencia, de un nivel de trabajo interior; para ser coherente hay que tener principios y objetivos claros, tener el valor de ser tú mismo, ser humilde para continuar aprendiendo siempre, autocrítico cuando corresponde, declararte fidelidad a ti mismo y quedar bien con tu consciencia.

Evita las discusiones inútiles, no se trata de tener la razón, es probable tener la razón y estar equivocado al mismo tiempo. Hay gente negativa que es coherente mientras otros eligen autoboicotearse. Revisa parte por parte tu vida rastreando en ella indicios de incoherencia, recuerda que la coherencia es imprescindible para alcanzar tus objetivos y que también es un compromiso con tu consciencia, es decir, es un direccionamiento energético mediante la intención desde adentro, en la perspectiva de alcanzar tus metas. Solo precisamos el consentimiento de nuestra consciencia, recuérdalo.

Asegúrate que lo espiritual, lo mental, lo emocional, lo físico, lo social y ecológico apunten en la misma dirección, auto-obsérvate de manera permanente. Recuerda que coherencia no es perfección, así como tampoco cambiar de idea u opinión resulta una incoherencia. La coherencia es flexible y creciente y se traduce en vivir en paz y felicidad, regido por principios elevados.

Revisa cada parte de tu vida, pregunta también cómo te ven los otros, esto es importante -aunque no lo más importante-, fundamental saber a quién elegir para esta delicada pregunta, descarta a los que quieren quedar bien contigo y a los que te tienen envidia. Y… ¿cómo te ves tú mismo? Ya sabes que el compromiso es contigo, en este contexto, hay que estar muy atentos para evitar ser nuestro propio enemigo.

Di lo que piensas, cumple lo que digas, vive regido por tus principios y valores, ten claro hacia dónde se dirige tu vida y las maneras más coherentes de alcanzarlas. El fin no justifica los medios, quizá haya alguna excepción, es nuestro código ético quien debe garantizar la calidad de cada decisión, si quedas bien con tu consciencia vas por buen camino.

Evalúate cada cumpleaños, cada mes, cada fin de semana y antes de dormir, detecta oportunamente indicios de incoherencia y trabájalas sin demora, porque las incoherencias se convierten en grietas por donde se fuga la energía y se debilita el poder. La coherencia se resume, en definitiva, en un manejo de nuestra energía lúcidamente enfocada en la dirección prevista; la coherencia te dará el respaldo energético vibratorio para poder enseñar a tus estudiantes la importancia de tener la energía bien enfocada y ésta será la mejor lección que puedas entregar a tus aprendices.

La coherencia para un educador, es un estilo de vida que le respalda más que su currículo, para así ser merecedor de estar entre los elegidos que amasan un futuro diferente y cultivan las semillas de la nueva humanidad, provisionalmente almacenadas, en los niños, niñas y jóvenes que acuden al aula.

Suena el teléfono, me informan que otro sobrino sucumbió a las drogas, el naufragio existencial es una posibilidad mientras no se aprenda a vivir. De apegos y adicciones quiero que hablemos en nuestro próximo encuentro.

Hasta pronto,

CHAMALÚ

"El mejor momento de tu vida puede ser este"

CARTA 31

Ref. CÓMO PREVENIR LAS ADICCIONES Y SUPERAR APEGOS

Estimado Profesor / Estimada Profesora:

Mi silencio dice tantas cosas cuando contempla el panorama actual: niños y niñas cada vez más pequeños iniciándose en rituales necrofílicos, jóvenes cayendo en las garras de la toxicomanía como si no hubieran aprendido nada en tantos años de educación convencional. Mi testimonio incluye lágrimas. Si voy a seguir viviendo -me dije hace poco- quiero nadar contra la corriente que se está llevando tantas vidas, quiero compartir nuevos amaneceres y despedirme de todo lo innecesario, quiero convertir mi eventual furia en creatividad. No puede ser que continuemos presenciando la destrucción de las nuevas generaciones, no hay futuro, convenzámonos, si todo sigue como hasta ahora.

Estaba oscuro cuando comencé a escribirte hoy, somos animales imperfectos, lo sé, pero creo que la estupidez ha ganado demasiado terreno; aún recuerdo largas filas para comprar lo que no se necesita, recuerdo los rituales de banalidad consumiendo tanta energía, recuerdo jóvenes completamente destruidos, mariposas sin alas, moscas que ya no se ponen las pilas para convertirse en luciérnagas y desafiar la noche de la ignorancia; recuerdo también docentes desorientados, presenciando pasivamente cómo las nuevas generaciones desaparecen devorados por una tecnología que termina de destruirlos. No es casualidad, no es el destino, tampoco la tecnología; quienes amamos la vida pertenecemos a otro mundo, aún quedamos los que somos propietarios de nuestra libertad, los que no queremos extraviar nuestra energía, quienes anhelamos descifrar el misterio de la vida y la evolución sugerida; somos nosotros los que podemos reforestar corazones y cultivar consciencias y evitar el holocausto, solo necesitamos desaprender y reaprender y apostar nuestra energía a la vida plena.

Con frecuencia me pregunto ¿qué hay detrás de una adicción? ¿Por qué cada vez hay más drogadictos, más alcohólicos, más gente demasiado joven dependiendo de alguna sustancia química, adictos a tener relaciones toxicas, al trabajo? Al parecer somos una especie con gran propensión a la adicción cuando nuestro propósito existencial no está claro, cuando nuestra vida no tiene sentido, cuando llegamos a admitir la imposibilidad de la infelicidad, en definitiva, cuando no aprendemos a vivir.

Entendemos por adicción ese comportamiento que se repite de manera inevitable, dejando su ausencia el llamado síndrome de abstinencia. Esa repetición compulsiva, que gradualmente se convierte en inevitable, puede enfocarse en el trabajo o en el sexo, en la comida o en el ejercicio, podemos convertirnos en adictos a la tecnología o casi a cualquier cosa, situación que revela una debilidad humana, una lamentable tendencia que muestra la precariedad educativa, la insuficiente formación y la ausencia de preparación para la vida.

Si la vida no tiene sentido, será inevitable desembocar en una u otra adicción; si nuestros jóvenes terminan los estudios sin saber casi nada del arte de vivir serán presa fácil de cualquier recurso evasivo. Urgente darles herramientas y motivos para transformarse, mientras identificamos de manera individualizada las causas ayudémosles a que su vida tenga sentido y que vuelva a ser una aventura. Que la escuela les ayude a crecer, a conocerse y descubrir la vida, comienza creando contextos en los cuales ellos puedan contar lo que les está pasando, lo que están sintiendo, lo que anhelan en su vida. Importante escucharles y valorarles, informarles de los efectos colaterales sin mucha insistencia, porque es preferible otorgarles afecto y comprensión. Todo docente debe saber la inutilidad de la prohibición, la importancia de ayudar para que los hogares de estudiantes proclives a las adicciones recuperen la felicidad.

Si les valoramos y confiamos en ellos, si los escuchamos y damos buen ejemplo, si con creatividad logramos evitar las malas influencias, si nos aseguramos que donde viven no haya drogas ni alcohol -mediante una preparación integral escuela/familia-, y si hay, utilizar la escuela como medio de contención -a través de una educación que lo oriente a tomar buenas decisiones, que aprenda a convivir en todo lugar sin caer en excesos ni consumos violentos-, si fomentamos la realización de actividades saludables y les hacemos comprender la importancia de decir NO cuando corresponde, estaremos encaminándolos en la perspectiva correcta. Aprender a vivir es la vacuna contra las adicciones.

También quiero referirme rápidamente al apego, a esas relaciones que incluyen ansiedad, miedo, agresividad, que enfatizan en que necesitan del otro para estar bien, generando vínculos obsesivos, eligiendo incluso perder la dignidad o aceptar el sufrimiento. El apego es una prisión invisible en un contexto de inmadurez emocional, es la dependencia con sufrimiento, es la baja autoestima, es la necesidad adictiva del otro para estar bien. Todo esto revela una situación que muestra de otra manera una insuficiente preparación para una vida que es cambio constante y flujo permanente.

Es importante aprender a estar solo, enfocarse en el autoconocimiento, enfrentar el miedo a perder, porque apropiarse de alguien es convertirlo en objeto y los humanos - todos, sin excepción- somos sujetos. Admite que nada es para siempre, ábrete a otras experiencias, obsérvate y aprovecha para conocerte aún más, cuando se den circunstancias que te mueven y conmueven valora lo que tienes, lo que eres, aprovecha esa situación para profundizar tu autoconocimiento, enfócate en lo que amas, no olvides que todo fluye y todo cambia. Recuerda, cuando sea preciso, pide ayuda.

Perder la libertad equivale a perder la vida, este tema me deja pensativo, la droga es un puñal que desangra a los jóvenes que no aprendieron a vivir, el sinsentido es un síntoma anticipado. Más allá de mi momentánea melancolía, mis ganas de compartir continúan derribando egoísmos, simplemente por el placer de compartir. Reunámonos en la próxima carta para hablar de la solidaridad y sus desconocidos beneficios.

Un abrazo,

CHAMALÚ

¡NO MIDAS EL TIEMPO CON RELOJ, MÍDELO CON VIVENCIAS!

CARTA 32

Ref. LA SOLIDARIDAD: UN SECRETO PARA SOBREVIVIR

Estimado Profesor / Estimada Profesora:

Mi tribu está compuesta por gente solidaria, gente humilde que aún transita senderos de inocencia, algunos fueron olvidados por la civilización, la mayoría fue destruida y, en la actualidad, deambulan sin alma. Admito que a veces los extraño; me gusta la gente profunda y descomplicada, amante de la vida plena y que va por la vida con reverencia. Me niego a ser el último Chamalú, mis cenizas florecerán frases, ninguna cicatriz sobrevivirá, nuestro último cuerpo es de madera, la biodegradación es su destino, sin embargo, la consciencia continuará su viaje hasta desembocar en el océano de la eternidad, allá confluyen todos los ríos. Sigo convencido que la mejor manera de vivir es compartiendo sonrisas, alimentos, conocimiento, sueños y esperanza.

A veces visito las estrellas y desde allá contemplo la Tierra o me convierto en ola y fluyo divirtiendo surfistas, los hilos de luz también sirven para escalar a otras realidades; me encanta cuando el silencio desgrana palabras sabias, cápsulas invisibles que contienen polvo de estrellas, ese contenido que el humano denomina Amor. Amar es la mejor manera de vivir, compartir es su procedimiento práctico, dormiré oportunamente -dice mi alma- convenciendo a mi corazón de continuar salvaje, libre y solidario. Que no te afecte la banalidad acechante, es probable que la incomprensión se estrelle contra la roca de tu voluntad pétrea, solo tienes que seguir adelante, cuidando que la frivolidad no devore tu esperanza.

Habitamos una civilización que fomenta el individualismo, es una manera de tener un mercado más amplio, así se vende a todos por separado multiplicando el lucro. Sin embargo, venimos de una historia de solidaridad y reciprocidad y esto es preciso recuperar hasta llegar al punto de reencontrar el placer de compartir; enseñemos a nuestros estudiantes a compartir, estimulemos los gestos solidarios, que desde pequeños comprendan la alegría y ventajas de compartir y las desventajas del individualismo.

En circunstancias sociales como la presente, precisamos reaprender el milenario arte de compartir. Comencemos agradeciendo lo que tenemos, valorando la vida, la salud, el maravilloso cuerpo que nos dieron , el tiempo y las capacidades que poseemos; valoremos el hecho de estar vivos y de las múltiples oportunidades que recibimos cada día; ser agradecidos incrementa nuestra consciencia de habitar el presente y multiplica nuestra felicidad, ese es el contexto adecuado para desplegar acciones solidarias y redescubrir el placer de compartir, la importancia de ayudar, de pensar no solo en uno mismo, de tomar en cuenta a la gente necesitada, adoptando un estilo de vida donde el bienestar de uno sea casi tan importante como el bienestar de los demás, de quienes pueden cambiar su calidad de vida a partir de acciones solidarias, de quienes comprenden la diferencia entre solidaridad y un asistencialismo inservible.

Haz donaciones a causas nobles, habitúate a compartir incluso cuando tengas lo justo, más que la cantidad de lo aportado es la sincera intención solidaria la que cuenta; participa en campañas solidarias, practica y enseña que no siempre es primero el bienestar personal. Ayuda sin discriminar a nadie, no siempre el que recibe es merecedor, sin embargo, si tú elegiste como un principio en tu vida la solidaridad, si elegiste ser solidario por naturaleza, nada ni nadie deberá impedirte vibrar en esa frecuencia.

Ser solidario no es tener una vez al año un ataque de bondad (en Navidad, por ejemplo, para preservar el status o lavar la conciencia), ser solidario es una actitud permanente ante la vida, es sensibilidad humana convertida en estilo de vida, es estar informados de cómo está el mundo y realizar trabajos desinteresados, es luchar por los derechos humanos y oponerse a la injusticia, es donar lo que ya no necesitas en casa y preocuparte por el bienestar colectivo, es evitar la indiferencia y ayudar con humildad, es vivir con principios y estar siempre dispuesto a ofrecer ayuda, es ponerse en el lugar del otro y tener la lucidez de ayudar de la manera precisa.

Si llevaste esto a tu vida tienes el respaldo ético suficiente para contagiar solidaridad a tus estudiantes, porque en un contexto de egoísmo es preciso reaprender la solidaridad, redescubrirla como la mejor y más elevada manera de vivir. La solidaridad es un estilo de vida que puede compartirse y contagiarse, puede incluso llevarse a niveles mayores como el ser solidario con los árboles, con los ríos y la Madre Tierra, convirtiéndonos en sus guardianes.

Eduquemos a nuestros estudiantes en valores, que crezcan sabiendo que la solidaridad es un principio fundamental. Induce a tus estudiantes a compartir, premia las acciones solidarias, el trabajo en equipo, el estar informados y tener un perfil emprendedor social. Desde el aula, podemos lanzar iniciativas para que nuestra escuela se convierta en un ejemplo de solidaridad; dispongamos de un área social desde el cual lancemos iniciativas de servicio social hacia nuestro vecindario. Estimulemos también para que nuestras familias sean familias solidarias de manera que nuestros hijos crezcan sabiendo que lo normal es la acción solidaria y el individualismo una lamentable patología a evitar.

¿Y si nos volvemos voluntarios en proyectos sociales, en nuestras vacaciones combinando viajes de bajo costo con nuevas experiencias y acciones solidarias?

Continuaré soñando un mundo solidario, continuaré vigilando para que mis huellas hablen unánimemente de solidaridades y compartires. El individualismo inducido masivamente y fomentado en los centros educativos mediante sus sistemas de evaluación ha infectado a la humanidad, abonando el terreno para múltiples conflictos. Los docentes precisamos convertirnos en expertos en el manejo de conflictos. Para abordar este tema, te convoco en la próxima cita.

Hasta pronto,

CHAMALÚ

"No intentes cambiar los hechos, modifica tu interpretación de ellos"

CARTA 33

Ref. CÓMO MANEJAR CONFLICTOS

Estimado Profesor / Estimada Profesora:

Declararse feliz no implica la desaparición automática de problemas, los conflictos tienen tendencia a reencarnarse, algunos están en nuestras manos, con ellos podremos aprender y divertirnos, otros son efectos colaterales de malas decisiones ajenas; hay quienes maltratan su libre albedrío, hieren su primavera y devoran sus mejores oportunidades.

La vida es una gran escuela, es pétalo y espina, la aridez de pronto deviene en llovizna, aparece la nieve, la tormenta y regresa el calor con elevado volumen, la vida incluye todo, regresarán las rosas -espinas incluidas-, no precisamos maldecir lo que intenta herirnos, solo saber manejar las circunstancias, quien ama el perfume de las rosas deberá saber tratar con las espinas, navegar en mar abierto es más apasionante que permanecer temeroso refugiado en el puerto de lo conocido, pero incluye sorpresivas olas. Existía la posibilidad de no haber coincidido entre siete mil millones de habitantes, pero la trama de las causalidades entrecruzó nuestros itinerarios. ¿Por qué nos habremos encontrado? Quizá no es una simple coincidencia, tal vez podamos extraer música de esta eventual coincidencia y compartirla con quienes se acercan a nosotros a recibir nuestra influencia.

El manejo de conflictos es una habilidad que se desarrolla al interior de una preparación integral para la vida, basada en el trabajo interior que incluye el gradual logro de la imperturbabilidad, más aún, tratándose de educadores cuya influencia en las nuevas generaciones será decisiva. Comencemos instalándonos en nuestra zona de poder, desde donde podemos participar con serenidad en las diversas circunstancias que nos ofrece la vida. Logrado el indispensable alerta sereno aprendamos en principio a prevenir, a convertir las relaciones tensas en armónicas, aprendamos a gestionar las divergencias, quizá sea necesario redefinir el conflicto, admitir que existe, que es parte de la vida y que es preciso aprender a manejarlo y resolverlo con creatividad.

En un contexto de libertad y diversidad el conflicto es natural, a veces necesario y siempre positivo, incluso el conflicto puede no ser un problema si vemos el fondo de él. Detengámonos aquí un momento, trabajemos en nosotros mismos, especialicémonos en escuchar, aprendamos a discrepar, a debatir. Quienes amamos la libertad no tenemos problema de interactuar con la diversidad, de coexistir con pensamientos y actitudes totalmente diferentes. Aprendamos a no tomarlo todo personal, muchas cosas se dan, de una manera u otra, por factores externos. Saber evitar el conflicto resulta altamente recomendable, así como saber prevenir el conflicto, preservar una actitud positiva y ver e interpretar adecuadamente cada situación conflictiva.

Un buen docente requerirá además tener una visión bien desarrollada, una gran sensibilidad y, en este caso, capacidad empática, pensamiento flexible, saber que ante cualquier situación conflictiva siempre tenemos delante varias opciones, diversas alternativas de solución. Comencemos simplificando el conflicto, comprender lo que en el fondo generó la situación, abórdalo con creatividad; es importante de inicio no temer al conflicto, esto debemos enseñarle a nuestros estudiantes, que no se atemoricen cuando la situación se pone conflictiva, que no teman los riesgos, que sepan evaluarlos con serenidad y, cuando corresponde, actuar con decisión, porque una vida sin conflictos solo existe en algunas películas.

Manejemos nuestra vida desde nuestros principios y valores, recordemos que nuestro código ético no es negociable, que nuestros principios no son de uso eventual. Desde una vida manejada con coherencia podremos enseñar a nuestros aprendices a saber negociar, la importancia de ganar y ganar, es decir, que ganemos todos. Entrenémosles para solucionar conflictos, a ver con tranquilidad los problemas, a proponer acuerdos y actuar con diplomacia, a realizar análisis serenos y buscar soluciones alternativas. Los jóvenes necesitan ser orientados para resolver todo tipo de problemas con tolerancia cuando corresponde, con creatividad en todos los casos, aprendiendo y fortaleciéndose con las adversidades, desarrollando la capacidad de dialogar y negociar y, cuando corresponde, ceder buscando puntos intermedios y siempre con buen control emocional.

Frente a la existencia de conflictos será importante desplegar una comunicación eficaz, saber identificar las causas de fondo, los factores desencadenantes, así como los intereses que están en juego. Todo docente tiene que desarrollar la habilidad de mediar que supone saber ser imparcial, saber redefinir el problema, tener un plan B, C, D, evitando la situación de víctima-verdugo. Saber resolver conflictos, poder mediarlos con ecuanimidad, entrenar a nuestros estudiantes en este delicado arte, desarrollar un buen control emocional, evitar los conflictos hasta donde sea posible y cuando ocurran, saber que siempre hay numerosas alternativas de solución, aprender con ellos y salir fortalecidos, ver los problemas como parte de la vida, son aspectos en los que nuestros estudiantes deben ser rigurosamente entrenados, porque las pruebas y exámenes con que nos evalúa la vida requieren que los jóvenes estén preparados para todo, en especial para disfrutar la vida y aprender con todo lo que ocurra en ella.

Comencemos eliminando todo vestigio de conflicto y agresividad en nuestro interior, dediquémonos como docentes que somos a cultivar flores en el jardín de nuestro corazón y vayamos al aula todos los días a re-partir pétalos de ternura y miradas luminosas. Saber renunciar es la maestría fundamental de todo docente, eso te habilitará para fluir descomplicadamente convirtiéndote en experto en renunciar, es decir, obtener un doctorado en renuncias y descomplicaciones. Hablemos de este importante tema en la próxima carta.

Un abrazo,

CHAMALÚ

"La buena educación humaniza, y ¿la mala...?"

CARTA 34

Ref. EL ARTE DE RENUNCIAR

Estimado Profesor / Estimada Profesora:

El dolor es inevitable, manejable desde la mente para algunos, pero el sufrimiento es opcional, nadie está condenado a sufrir. Quiero hablarte que es posible llegar lejos. Gastar el tiempo de otra manera, convertir la soledad en privilegio, el abandono en regalo y renunciar al fatigoso apego; sumergirse en la felicidad y dejar que la libertad sea la emperatriz de nuestra vida. No te preocupes, nada perderás si dejas que la vida continúe su flujo. Hay ausencias que se agradecen, así como hay presencias que están desproporcionadas por la idealización, idioma que habla el apego, desde el miedo que lo domina.

Algunos se conforman cuando su vida está en otras manos, el poder de estar bien es indelegable; envuélvete con la fragancia de la libertad, pocas necesidades, confianza en ti mismo, inextinguible voluntad de seguir adelante pase lo que pase. Nunca te sientas abandonado, es solo una renuncia realizada por ti a la cual alguien se precipitó, los elefantes son una fábrica de paciencia, las moscas son impulsos con alas; desde la espesura de la nostalgia atrévete a agradecer por igual la presencia o la ausencia. La felicidad es luz que emana desde adentro, música que se produce en el contexto de la independencia, de la soberanía existencial que no es otra cosa que tener las riendas de tu vida en tus manos.

El miedo construye herméticas casas, el desapego abre las puertas y, si se ponen testarudas, las arranca de cuajo para dejar fluir a la libertad, que da sentido a la vida. Quien habita el presente desde su libertad está cumpliendo el designio superior de continuar la evolución consciencial, la ausencia de ello es el umbral de la infelicidad, madre de todas las adicciones.

Si quieres disfrutar la vida y dar buen ejemplo valora tu libertad, recuerda que vivir es elegir y elegir es renunciar a todo lo innecesario. Renuncia al consumismo que termina consumiendo a sus más devotos seguidores y nos encadena a una espiral de endeudamiento; renuncia a fracasar, los resultados no siempre serán como tú anhelas, pero ello no equivale al fracaso, mientras aprendas y no te des por vencido, nunca habrás fracasado; renuncia a sentirte mal cuando los demás te provoquen, renuncia al apego, es innecesario y padrino del sufrimiento; renuncia a toda forma de complicación, la vida es un juego, requerimos aprender a fluir descomplicadamente; renuncia al auto-engaño, toda tendencia a engañarse es una pérdida de tiempo y energía.

Vivir es elegir, eso deben saberlo tus estudiantes, sin embargo, deberán tener claro que a veces toca ceder; es importante también saber cuándo renunciar y a que no renunciar. No podemos, por ejemplo, renunciar a la coherencia ni a los principios; tengamos claros nuestros límites y jamás renunciemos a vivir con autenticidad nuestra vida. Enseña a tus estudiantes a que nunca se rindan, pero que sepan cuando toca renunciar, que tengan claro que en la vida casi siempre debemos ir adelante, pero a veces, solo a veces, conviene detenerse y dar un paso al costado.

Crecer es inevitablemente ir dejando cosas atrás; es decir, crecer y transformarse es renunciar. Sin embargo, deben saber que renunciar no es ni bueno ni malo, es simplemente una herramienta que usada en el momento preciso puede ser una excelente decisión. Renunciar requiere lucidez, sensibilidad, intuición. A veces, es un requisito para ser feliz. Renuncia, pasa la página y sigue adelante y recuerda que renunciar no es reprimirse.

Nunca renuncies a lo que te sirve, a lo que amas, a tus sueños y a tus mejores objetivos, sin olvidar lo que debes tener claro para lograr tus metas. Renuncia a dar importancia al halago, a las calumnias y rumores, nadie está libre de ser difamado, empero está en nuestras manos la manera de interpretar aquello. Renuncia a vivir en el pasado, a tener miedo al futuro, a complicarte cuando aparecen los problemas; renuncia al auto-engaño, a vivir una mentira, a tratar de satisfacer a todos; renuncia a la vida social frívola que solo desgasta la energía, a traficar una imagen que no corresponde con la realidad; renuncia a lo que detestas y a vivir mal. Te sugiero como educador que eres que elabores tu lista a renunciar, que los enmarques en un cronograma y manos a la obra.

En cambio, nunca renuncies a ser tú mismo, conozco gente que cambió sus sueños por un trabajo perpetuo. Renunciar a los sueños es un suicidio. Es importante saber cuándo luchar y cuándo renunciar, ya que es fundamental nunca renunciar a nuestro derecho de experimentar todo lo bueno en la vida y esto deben saber nuestros jóvenes, si queremos lograr la cima tendremos que aprender a renunciar a lo innecesario, si quieres volar alto descarta las cadenas, los apegos y al peso de las necesidades innecesarias.

Saber cuándo renunciar es indicio de sabiduría, saber delegar tiene la misma categoría. Desapegarse o simplemente evitar apegos es señal de estar creciendo y madurando, renunciar es indicio de prosperidad. Saber decir NO es buena señal; descubrir el placer de renunciar es señal de evolución consciencial. Uno de los primeros aprendizajes que los niños, niñas y jóvenes deben llevarse de sus profesores es iniciarse en el arte de renunciar al punto de volverse expertos en ello, que equivale a fluir descomplicadamente por una vida que en el fondo es movimiento y cambio.

Y antes de renunciar a continuar hablando del tema quiero confesarte que me pasé la vida contando cuentos, hilvanando crepúsculos con hilos de luz, renaciendo agradecido cada amanecer. La vida es un cuento de carne y hueso, como docentes, tenemos el deber de encuadernar como corresponde nuestras habilidades oratorias y realizar un acopio de relatos, constituyendo una constelación de cuentos para compartir en el aula y donde nos encontremos. Contar cuentos es un arte del que quiero hablarte en la próxima carta.

Hasta pronto,

CHAMALÚ

"Pedagogía Wayra es la educación para la vida plena"

CARTA 35

Ref. MAESTRÍA EN CONTAR CUENTOS

Estimado Profesor / Estimada Profesora:

¿Levantemos la imaginación? Estaba ahí, tirada en el suelo, la dictadura de las pantallas sintéticas la había debilitado; se la ve frágil, entonces recuerdo: órgano que no funciona se atrofia, dice una ley fisiológica. Organizadas las sombras, eligieron como su presidente al miedo, el cual prometió frivolidad perpetua. Permitamos que la creatividad se reconstruya, garanticemos su continuidad libertaria, habitemos el terreno de lo imposible, combatamos al pesimismo y su opción por lo gris, doblemos la rutina para luego romperla, robémosle tiempo a la agenda; si dejamos de fabricar deseos insaciables, si remontamos la tendencia, si avanzamos a pesar de eventuales nieblas de confusión, si repartimos semillas de esperanza para, luego, atormentar al sistema con nuestro pensamiento crítico y nuestra pedagogía rebelde rehabilitaremos la vida en su versión plena.

Lo conocí en un país caribeño, se dedicaba a contar historias, recolectaba anécdotas, las convertía en cuentos, hilvanaba crepúsculos, saboreaba amaneceres. El bienestar le generaba movimientos sísmicos corporales, ¡cuánta imaginación cave en un hombre libre! -pensé al escucharlo-, había sombra en el entorno, pero él contando cuentos generaba resplandores, algunas veces llegaba a inaugurar auroras, la belleza de la circunstancia convertía al momento en un mariposario. Era un escultor de silencios, un fabricante de música en forma de palabras, un disipador de tristezas, un guardián de la vida de la cual se sentía su ferviente defensor. Él estaba seguro que todo esto que nos pasaba cada día era puro cuento.

Pensando en la prehistoria, cuando el humano comenzaba a humanizarse, cuando aún se habitaba en cavernas y algunos salían a buscar comida, los que regresaban, antes incluso de repartir los alimentos obtenidos, comenzaban a compartir lo sucedido. Eran las primeras aulas, donde lo experimentado se convertía en una secuencia de relatos que los oyentes escuchaban con atención. Lo primero fue el cuento, evolucionamos escuchando cuentos, crecimos escuchando a los abuelos relatando una y otra vez, pedazos de su vida en forma de cuentos. Los niños y niñas disfrutan de escuchar el mismo cuento, una y otra vez.

El cuento es la mejor herramienta para educar desde la infancia y es una buena manera de transportar a los jóvenes a viajar a mundos imaginarios y, desde lo fantástico, comenzar a prepararse para la vida. Si los cuentos son tan bien recibidos, si los cuentos tienen el efecto que tienen, los docentes tendremos que volvernos expertos en contar cuentos. Para ello, es preciso tener claro el tema, convertirlo en un cuento, relatarlo desde la emoción precisa, sorprender al comenzar y terminar, enseñarles a extraer enseñanzas de todo relato. Es preciso para comenzar sentir el cuento contarlo con pasión, incluir elementos conocidos y desconocidos, generar expectativa, hacerlo atractivo, adecuando el cuento a la edad de nuestros estudiantes; si son jóvenes, usar metáforas y otros recursos literarios para estimular el aprendizaje e incorporar las emociones que profundicen la experiencia educativa.

Los cuentos bien contados, equilibran la razón con la emoción, posibilitan el despliegue de la imaginación y les permiten disfrutar mientras aprenden, estableciéndose una relación especial entre el narrador y quienes escuchan. Es importante para contar bien un cuento creérselo, el docente deberá ser el primero en sorprenderse, en emocionarse y dejarse llevar por el flujo del relato. Añade humor al relato, haz que participen los estudiantes, en especial a la hora de extraer la enseñanza, la famosa moraleja; al relatar, dales tiempo para que rían o reflexionen; recuerda, un buen docente es un excelente narrador de historias (no hay enseñanza, que no pueda convertirse en un cuento).

Contar un relato es en realidad un juego que genera curiosidad, expectativa, ganas de continuar escuchando. Podemos incluso en algunas situaciones, crear el ambiente necesario, apagar la luz del aula dejándola en penumbras, eso incrementa la expectativa y profundiza el aprendizaje, también podrías usar música de fondo; trabaja con anticipación el principio, asegúrate de comenzar el relato generando expectativa, concluye sorprendiendo, también podrías elegir finales cautivadores o que refuercen la enseñanza que quieres que sea recordada. Asegúrate que no te interrumpan hasta cuando sea el momento de participar, visualiza y haz que visualicen a los personajes, entra tú al cuento y logra que la fluidez los atrape y los arrastre hasta el del aprendizaje que decidas. En realidad, se trata de llevártelos de viaje, haciendo que entren y vivan en el relato.

Evita el tono monótono cuando compartas un cuento, ya sabes que se trata de viajar y hacer viajar a la imaginación; dar vida al relato significa también aludir a las emociones, incluso puedes llegar a desarrollar la posibilidad de contar el mismo cuento de muchas maneras, usando los tonos adecuados a cada situación, disfrutando al contarlo, relatando sin prisa y haciendo que los oyentes se identifiquen con la historia.

Narrar es un arte, por ello se puede contar un cuento de diversas formas. Comienza eligiendo el cuento adecuado, apasiónate al contarlo, recuerda que la clave del cuento es el narrador. Si te conviertes en un buen narrador de cuentos, si intercalas historias reales con imaginarias, si te inventas cuentos a partir de lo que te ocurre, de lo que pasa en la vida, si tienes ganas de contarlo en el momento justo y disfrutas al hacerlo, si haces volar la imaginación de quienes te escuchan y desarrollas la creatividad para fabricar cuentos de todo lo que pasa en la vida, entonces habrás construido en ti un gran educador al cual será un placer escuchar en el aula. Puedes usar incluso tu biografía para crear relatos llenos de enseñanza y motivar a que hagan lo mismo tus estudiantes.

Motívales a que escriban un diario de las situaciones relevantes que ocurren en su vida, ayúdales a darle la forma de un relato y que ellos mismos, como principales protagonistas, aprendan a extraer enseñanza de todo lo que relatan y, junto con ello, ver la vida en su fluidez, en su dinamismo e impredecibilidad. También es posible crear un cuento con ellos, en un proceso de creación colectiva altamente satisfactorio.

Un buen educador es capaz de fabricar un cuento al instante, relatarlo con amenidad y ayudar a que sus estudiantes extraigan numerosas enseñanzas del relato. Probablemente los cuentos sean la mejor manera de impregnar en las mentes de las nuevas generaciones los principios y valores elevados que tanta falta hacen a la humanidad de este tiempo, caracterizada por un lamentable déficit de ética y respeto. Iniciemos a nuestros estudiantes en el maravilloso arte de los relatos, el camino mágico a la vida plena.

Otra noche, otra carta que se acaba, espero que tu vida un día sea un maravilloso cuento que inspire a quienes te conozcan. Donde sea que vayas, encuentra lo positivo y la enseñanza y, con esos ingredientes, fabrica un nuevo cuento. Rodearse de una colección de buenos cuentos es gozar de exclusiva compañía. A continuación, quiero que hablemos de la importancia de planificar la vida preservando el carácter indomable de la libertad y adoptando el hábito de fluir espontáneamente al interior de lo planeado. Volvamos a reunirnos con este importante motivo.

Hasta pronto,

CHAMALÚ

"Lo que ocurre en muchas escuelas no es educación, es alienación"

CARTA 36

Ref. CÓMO PLANIFICAR LA VIDA

Estimado Profesor / Estimada Profesora:

Nadie detiene a quien descubrió que la vida es una sagrada obra de arte. Los instantes pasan corriendo, el tiempo no perdona a quien no aprendió oportunamente a planificar su vida, la eternidad custodia, a lo lejos el Universo no interviene, el libre albedrío autoriza al humano a gastar su visita a la tierra como quiera hacerlo. Desorganizada la energía, las horas caminaran cabizbajas, con la mirada extraviada y el corazón vacío de sueños. La vida es una mágica oportunidad evolucionaria donde nada está garantizado, el camino discurre al lado del abismo, el misterio permanece enmascarado, es preciso formarse y transformarse para crecer y recuperar el poder; la intuición asesora desde lo invisible, es bueno improvisar al interior de un lúcido plan que nos permita optimizar el uso de la energía que incluye la vida.

Detrás de cada buen plan, late la vida; no es necesario perder la espontaneidad, pero la libertad no debe desbordarse; no existe el destino, podemos acariciar con tranquilidad a la creatividad, transparente capacidad de innovar, mas ello no nos exime de elaborar un buen plan. Conserva a tu libertad indómita, a tu espontaneidad feroz, preserva tu creatividad con buen humor, así continuará fabricando sueños y arriando imposibles, atrévete a inundarte de entusiasmo, desgrana sin censura cada una de tus ocurrencias, la muerte un día vendrá a buscarte, antes de ello, puedes hacer de tu vida una obra de arte inolvidable.

Eres educador, es un privilegio, comencemos recordando la secuencia: observarse para conocerse, conocerse para transformarse, con ello crecer y al posibilitarse el crecimiento, recuperar la sensibilidad y el poder de direccionar tu vida en la perspectiva de tu propósito existencial. Al saber nuestra misión el resto es identificar los talentos que traemos y prepararse para desarrollar los que precisemos; la visión será la estrella que indique el norte donde encontraremos la dirección de la misión que garantice la evolución consciencial.

Asegúrate antes de partir, de tener clara tu visión, ¿cómo te ves a futuro?, ¿cómo quieres vivir?, ¿cómo te ves en unos años? Si aprendes esto podrás ayudar a encontrar el sentido de la vida a tus estudiantes. Clarificada tu misión lo demás es prepararse para lograrlo siempre sobre la base de los talentos, recursos y aptitudes que posees; de manera especial a ti como educador te pido, no te equivoques a la hora de elegir tus objetivos, organízalos por orden de importancia, enmarcándoles en un cronograma que te permita ordenar tu tiempo por prioridades.

Comienza planificando tu vida, gerenciándola con lucidez, trabaja tus sueños para que se conviertan en objetivos y metas, asesórate cuando sea necesario, ten claras tus prioridades y la manera de alcanzarlas, un buen plan de vida debe ser integral, es decir, abarcar todas las áreas. Nos encontramos en una circunstancia como humanidad en la cual, planificar la vida resulta imprescindible, esto no nos exime de desarrollar la capacidad de improvisar, tampoco suprime la espontaneidad; un plan básicamente nos ayuda a organizar nuestro tiempo y energía, a enfocarnos adecuadamente en la perspectiva del norte elegido, saber a dónde ir facilita los procesos y nos permite ahorrar energía y tiempo, porque la energía va donde te enfocas, por ello es perjudicial pensar en lo que no queremos.

Tener un plan supone también tener la facilidad de evaluarse, porque sabes adonde debes dirigir tu tiempo-energía, objetivo claro: acción precisa, de eso se trata. Cuando te propongo planificar tu vida, te recuerdo la importancia de tener claro a dónde se dirige tu energía, así como encontrar la mejor manera de lograrlo. Un plan es en el fondo un mapa que incluye la ruta del camino a seguir, el resto simplemente es estar preparado para todo.

Planifica tu vida, es decir, planifica tu día, tu semana, tu mes, evalúate cada vez que cumplas años; antes de la fiesta y la acostumbrada felicitación, evalúate, considerando los aciertos y errores, los logros y aprendizajes y, también, desplegando una honesta actitud autocrítica, porque cada año tenemos que estar mejor.

Enseñemos a nuestros estudiantes a soñar y, a continuación, a convertir los sueños, imposibles por naturaleza, en objetivos alcanzables y luego las mejores maneras de lograrlo, todo ello enmarcado en un cronograma que asigne a cada objetivo un tiempo de realización. Finalmente, deberemos tener un mecanismo de evaluación que nos permita saber cómo estamos, qué tan cerca o lejos de nuestros objetivos. Habituémonos a evaluarnos cada noche antes de dormir, cada fin de semana antes de comenzar la nueva semana, cada fin de mes antes de comenzar el próximo y cada año nuevo personal. Un buen plan estará regido por principios y valores elevados, el resto, convertir nuestro estilo de vida en una secuencia de coherencia creciente.

¿Con qué principios funciona tu vida? ¿Son compatibles tus principios con tus objetivos? ¿Hay coherencia creciente en tu vida? ¿Está escrito tu plan de vida? ¿Haz realizado tu análisis de fortalezas, oportunidades, debilidades y amenazas? ¿Estás aprovechando con lucidez las oportunidades y contactos que tienes actualmente? Ten claras tus acciones, porque debes lograr lo que quieres, recuerda que no hay buen camino si no se sabe a dónde se va. Planificar es dar dirección a nuestra vida y ello incluye desarrollar el conocimiento y las habilidades que precisas, los hábitos que necesitas, para lograr tus objetivos, recuerda que el fracaso no requiere un plan ni hace falta disciplina para ser mediocre.

Tener un plan de vida no equivale a rigidez. El plan es la flecha que nos indica la dirección evitando de esa manera que nuestra vida vaya a la deriva; planificar la vida es lo que debemos enseñar a nuestros estudiantes, que aprendan a enfocarse en sus objetivos, que desarrollen pensamiento crítico, que comprendan la peligrosidad de no saber lo que se quiere. Que cada uno sepa quién es, que tenga claro su plan, sus objetivos y la manera de lograrlo, que sepan evaluarse, que no pierdan su capacidad de soñar y hacer realidad algunos sueños.

Todos tienen la capacidad de dotarse de un buen plan; antes de ello, es fundamental comprender la importancia de planificar la vida, añadiendo a ello la voluntad, la disciplina, la perseverancia, la motivación suficiente, además de tener planes extra por si falla el plan principal. Finalmente, recordarte la importante de tener objetivos y planes a nivel integral, es decir, espiritual, profesional, financiero, educativo, social, en salud y en todas las áreas principales de tu vida.

Sobre la importancia de tomar las decisiones adecuadas hablaremos en la próxima cita.

Hasta pronto,

CHAMALÚ

"¿Qué huella estás dejando en la arena del tiempo?"

CARTA 37

Ref. CÓMO TOMAR BUENAS DECISIONES

Estimado Profesor / Estimada Profesora:

Se instala el invierno, busco el abrigo solar, me pregunto cómo estarás, qué efecto estarán haciendo estas cartas. Espero alguna vez celebrar contigo un evento presencial. Defiendo la vida, me siento guardián de las nuevas generaciones, transporto sueños, me considero demoledor de falacias; admito que la vida me trata bien, creo que es la reciprocidad por haberla respetado. He decidido, ya hace tiempo, declararme feliz, vibrar desde el amor, preservar mi libertad, transportar paz, administrar con lucidez mi vitalidad. He decidido también especializarme en renunciar a lo innecesario, no privarme de nada bueno, aprender de todo lo que me pase y dejar que mi creatividad dance con cada problema, divirtiéndose hasta solucionarlo.

De alguna manera nacemos condenados a ser libres, nuestra incompletud es la posibilidad evolucionaria, vivir es elegir, me recordó un día un Abuelo, el resto es la administración de las consecuencias. No se trata de quedar bien con los demás, ya sabemos que la opinión pública es una señora inexistente, vinimos a Ser y Hacer lo que precisamos, la dureza de la vida será mayor cuanto menos sea la flexibilidad con la que salimos a la calle. Debo cuidar cada una de mis decisiones, me digo a mi mismo; comienza a llover, es una manera en la que el clima nos muestra su discrepancia por tanta agresión; decido vivir vivo hasta el último respiro, decido ir por la vida repartiendo semillas de luz.

Vivir es elegir, ya lo sabes, a diferencia de las demás especies, nos regalaron el libre albedrío, es decir, la posibilidad de hacer con nuestra vida lo que elijamos, quizá por ello muchos deciden destruirse prematuramente y con gran iniciativa. El tema de la libertad y el tomar buenas decisiones es prioritario dialogarlo en el aula, que los jóvenes sepan que su vida depende muchas veces de una sola decisión; es importante prepararles para tomar buenas decisiones, para estar conscientes de los efectos colaterales de cada una de ellas, que se den cuenta de las consecuencias de sus palabras y actos, de la emoción con la que tendemos a actuar en momentos de adversidad.

Los jóvenes deben aprender a ver más allá de cada elección realizada, que aprendan a ser realistas, esto es, que se vacunen contra el autoengaño, que no teman equivocarse y que sean autocríticos y aprendan de sí mismos cuando cometan un error.

Mantengamos siempre el propósito claro, no nos precipitemos en tomar decisiones, antes de elegir seamos lentos, démonos tiempo para considerar la situación desde varios puntos de vista, la acción será inmediata solo después de haber tomado la decisión. En mis conferencias suelo llamarlos lento-rápidos, a quienes cometen el acierto de ir con calma antes y rápido después y, por supuesto, asumiendo la responsabilidad de lo elegido.

Reconciliémonos con la inseguridad, preparémonos para todo, atrevámonos a manejar nuestra libertad con lucidez, usemos la reflexión profunda, pero también la intuición, simultáneamente y cuando corresponda, busquemos el asesoramiento especializado o personas confiables con experiencia. A la hora de decidir, toma en cuenta tus principios, ellos deben en cada caso otorgar las reglas de juego, recuerda también y claramente tus propósitos, identifica la situación, analízala con serenidad, revisa tu forma de interpretar y la emoción con la que estas actuando, recuerda que en cada elección te juegas la vida.

Que la presión social o las expectativas ajenas no influyan en tu decisión; la opinión pública no debe ser tomada en cuenta sino la consciencia, no es cuestión de status ni imagen social, no se trata de impresionar a alguien. Antes de tomar la decisión relájate, trata de estar solo y en silencio, recuerda siempre lo que quieres y lo que no quieres. Una de las más lamentables falencias de la educación actual es que no se les entrena a los jóvenes desde la adolescencia a tomar buenas decisiones. Ellos tienen que saber que es un error precipitarse o esperar demasiado, si tú no decides, alguien decidirá por ti, eso deben saberlo los jóvenes tanto como el poder destructivo de una mala decisión.

La falta de preparación en este campo ha llevado a muchos jóvenes a ocuparse de resolver lo secundario y descuidar lo principal; antes de lanzarse a solucionar es necesario detenerse a analizar el problema o situación serenamente. Hay problemas ante los que no hay que hacer nada, porque se resuelven por si solos o porque realmente no son un problema, solo es cuestión de que pase un tiempo. Analiza los pros y los contra de cada decisión, pide consejos, pero analiza lo que te digan, no hay recetas, la vida a cada momento es una mezcla única de circunstancias que no se repiten. Medita, reflexiona, tómate el tiempo necesario, ni mucho ni poco, el tiempo justo y asegúrate que lo que vayas a elegir no te afecte a mediano o largo plazo, pregúntate siempre qué es lo peor que te podría pasar.

Reconcíliate con la inseguridad, enfréntate a los retos como quien participa de un divertido juego en el cual tenemos que estar alertas, serenos y confiados, optimistas y creativos. La vida es un juego sagrado, pero juego al fin y es preciso aprender a jugar con impecabilidad. Libérate de las dudas, imagínate cada opción y sus consecuencias, aprende de los errores ajenos, trabaja con visualización, pregúntate antes de cada decisión si es la opción correcta para ti en el momento en que te encuentras. Cuida los detalles, ten en cuenta tus prioridades, descarta las opciones inadecuadas, preserva la serenidad ante la incertidumbre, identifica las oportunidades en plena crisis y cuando algo te parezca muy complicado, observa cómo estás observando.

Elegir es tomar el control de nuestra vida, para ello deberás prepararte con tiempo, esto es algo más que la formación técnica para adquirir una profesión con la que puedas cubrir tus necesidades básicas. Sin descartar lo otro, se trata de prepararse para la vida, para fluir por ella tomando buenas decisiones, entonces tu vida se convertirá en un fértil campo donde podrás cultivar los mejores frutos que se puede obtener en esta visita a la Tierra, en la cual nuestra libertad nos obliga a elegir. Elige prepararte integralmente para vivir con plenitud, elige compartir estas enseñanzas con tus estudiantes, un día te lo agradecerán.

Vivir es elegir, ya lo sabes, con cada decisión nos jugamos la vida, la única que tenemos por ahora. Saber estar aquí y ahora es principio de sabiduría, caminemos en esa dirección y reencontrémonos con esa temática en la próxima cita, ya hemos llegado demasiado lejos como para andar con rodeos, admito que no me gusta ver gente aleteando en vez de volar, deambulando indefensa después de haberse convertido en su propio enemigo. Me resulta profundamente conmovedor encontrarme con personas que se imaginan estar vivas; hablemos a continuación del aprender a fracasar con éxito y del fortalecerse con las adversidades.

Un abrazo,

CHAMALÚ

"Pedagogía Wayra es: educar para la felicidad"

CARTA 38

Ref. CÓMO EQUIVOCARSE CON ÉXITO

Estimado Profesor / Estimada Profesora:

Recuerdo el momento cuando decidí dejar resbalar por el tobogán del día a cada uno de mis instantes, decidí entonces perder tiempo para saber qué se siente. Al llegar la noche, contemplé el cementerio donde yacían los momentos descuidados, presentí al Universo sorprendido con mi actitud, era solo un día -me dije- justificando esa experimental decisión. Dejé la puerta cerrada, guardé la llave, desconecté el computador, quería hacer nada conscientemente. Hay errores tan espectaculares que simulan éxitos, hay fracasos ajenos tan didácticos que deberíamos estar agradecidos, hay presencias que garantizan una insoportabilidad unánime, sin embargo, adecuadamente abordados, son recursos fortalecedores; hay noticias que nos dejan atónitos, mas si preservamos la serenidad descubriremos detrás de la sorpresa una lámpara portadora de claves indispensables.

Los docentes debemos vivir con glosario propio, nuestra coherencia es cuestión ética y de consciencia, el aula será el espejo donde se refleje lo que proyectamos. Si descubrimos nuestra estrella podremos contar en el aula los amplios límites que incluye la vida y repartir polvo del lugar donde nacen las estrellas. Un buen docente no es quien no se equivoca nunca, es aquel que desarrolló la capacidad de convertir en obra de arte hasta sus más banales equivocaciones, tú sabes, habitamos un mundo donde la transmutación es posible, donde tenemos permiso de convertir lo inferior en superior y alquimizar nuestra existencia hasta conectarla con nuestra misión, es decir, con la evolución consciencial que caracteriza nuestro paso por la Tierra.

Te propongo que este tema lo lleves de inmediato al aula, los niños, niñas y jóvenes deben aprender a aceptar que no todo está en nuestras manos, que los resultados obtenidos a veces son muy diferentes de los esperados, que la vida incluye diversidad y sorpresas. ¿Y si no logras lo que quieres? No pasa nada, convéncete que realmente no pasa nada, que la vida continúa; si no puedes evitar la frustración danza con ella hasta que se disuelva.

¿Desmotivarse cuando algo sale mal o cuando quien amamos se va? No gracias, tenemos que estar preparados para todo, incluso, para todo. La frustración es un sentimiento de impotencia momentánea, obsérvalo, siéntelo, atraviésalo, es una emoción que puede manejarse y reciclarse, canalizarse positivamente y convertirla en un resorte impulsor que te haga una persona más fuerte y madura.

Comienza observándote cuando algo sale mal o diferente a lo esperado, observa atentamente como se instala en ti esa emoción y la respectiva sensación de frustración, recuerda, lo que estás sintiendo es momentáneo. La frustración casi siempre se puede evitar, pero el malestar que genera es totalmente evitable; cuando se dé la situación no hagas nada por reacción, observa, acepta, aprende, ten paciencia y, finalmente, pasa a la acción, vigilando estar usando la emoción adecuada. Evita la queja, el pesimismo, evita la soledad prolongada, recuerda que nada sale siempre bien y eso no es un error. Quizá precises redefinir el error.

Un error es una advertencia, ten a mano la autocrítica, pregúntate por qué te equivocaste, aprende y sigue adelante y si no fue un error tuyo, igual aprende y sigue adelante. Cuando sea necesario, responsabilízate de las consecuencias, mas nunca te culpabilices; desarrolla una gran tolerancia a la frustración y a los errores, es parte de nuestra naturaleza humana, pero no dejes de aprender y mejorar. Imagínate, si mejoras con cada error y no vuelves a cometer el mismo, bienvenidos sean los errores.

No tengas miedo a equivocarte ni te frustres con rapidez, recuerda que todo tiene solución, lo importante es controlar oportunamente tus impulsos negativos; asegúrate de no tropezar con la misma piedra, luego de comprender bien por qué te equivocaste. Pregúntate qué aprendiste con ese problema, considera si estás consciente de las consecuencias y efectos colaterales, no dejes que el enfado se instale en ti ni desemboques en la búsqueda de culpables, hay errores que no son un problema, hay problemas que se resuelven por sí solos, es solo cuestión de tiempo y de preservar la actitud adecuada en el momento justo.

Sé autocrítico, mas no te juzgues. Comprende la situación e identifica al error como un mensaje (no es un error es un mensaje, es preciso saberlo). Es necesario decodificar adecuadamente y fortalecerse con él.

Despliega tu creatividad, profundiza hasta comprender las verdaderas causas, la vida es una trama llena de sorpresas, asómbrate cuando corresponda y sigue, sigue fluyendo sin olvidar que el mundo no existe solo para ti, que es como una discoteca con música variada en la que en vez de complicarse hace falta aprender a fluir con cada situación.

Si los niños desde pequeños aprenden a ver la vida como una secuencia donde todo es posible, si aprenden a ver todo desde la creatividad y la actitud positiva, si les enseñamos a no complicarse, a tolerar resultados diferentes a los esperados, a ver siempre lo positivo y aprender con todo lo que pase; si entrenamos a los jóvenes a ver la vida descomplicadamente, como una aventura en la que no tenemos que privarnos de nada bueno, si les ayudamos a reciclar errores y saber evitarlos con lucidez, si dejamos de culpabilizarlos y les permitimos que exploren la vida en sus diversas posibilidades desde principios y objetivos claros, desde el pensamiento positivo y la acción responsable, sin temor al error y enseñándoles que los problemas y adversidades pueden ser recursos que nos fortalezcan y que se pueden aprender de todo, entonces, estarán preparados para una vida donde pasa de todo. Que sepan que no tolerar la frustración es minar nuestra existencia y condenarnos al sufrimiento.

Como docentes evitemos condenar los errores de nuestros estudiantes y, de manera previa, apliquemos estas enseñanzas a nuestra vida diaria, entonces será nuestro ejemplo quien dé la clase más relevante a los jóvenes, ese desgranar cotidiano de nuestra coherencia convertida en estilo de vida.

Y hablando de estilos de vida, quiero advertirte que el presente es el único fuego real, las cenizas del pasado y la posibilidad del futuro son tan inhabitables como utópicas, la vida transcurre a lo largo y ancho del presente. Ya sabes que las adversidades pueden fortalecernos, que los errores son enseñanzas camufladas, ahora precisamos aterrizar en el presente y convertirnos en expertos labradores del presente pleno. Un motivo fundamental para volver a reunirnos. Te espero en la próxima entrega.

Un abrazo,

CHAMALÚ

"¿Quieres ser libre? Primero conócete."

CARTA 39

Ref. CÓMO CULTIVAR UN PRESENTE PLENO

Estimado Profesor / Estimada Profesora:

No sé cuándo se me ocurrió escribirte estas cartas, quizá luego de ver tantos jóvenes cayendo en manos de la toxicomanía y el sinsentido. Polvoriento es el camino de quien extravía su norte, impreciso el paso de quien deambula transportando vacío, obstinada la infelicidad; quien no aprendió a vivir el presente camina en harapos, desolada el alma, presintiendo que otra encarnación será desperdiciada. Ya no recuerdo cuándo se me ocurrió apartarme del rebaño, trepar los muros de las prohibiciones, recuperar mi tiempo, apagar los miedos y atravesar los senderos tempestuosos de una vida donde nada es seguro, excepto lo inseguro.

Aprender a vivir es un derecho al que nadie debe renunciar, para el docente, sin embargo, aprender a vivir es además de un derecho un deber existencial, porque él se dedica a encender el fuego del conocimiento en la hoguera de la consciencia de las nuevas generaciones. Sabemos que la vida solo ocurre en el presente, único territorio donde es fértil el tiempo; la vida plena mantiene sus pies seguros sobre el terreno del presente, por ello, aprender a habitar lúcidamente el presente es la inauguración de una existencia con la calidad exigida por el Universo.

Un día descubrí que la mayoría de la gente desemboca sus vidas en el pantano del sinsentido, sobreviven aplastados por su pasado, temerosos del futuro, con el entusiasmo desplomado y el optimismo prisionero del miedo. Me propuse entrar por la puerta grande a la vida, deletrear todas las opciones existenciales, especializarme en vivir el presente plenamente y, a continuación, sin interrumpir mi bienestar, dedicarme a compartir la experiencia adquirida, en principio con los educadores dispuestos a encarnar una pedagogía rebelde.

Denomino coyuntura existencial al momento justo que está viviendo una persona. Cada coyuntura tiene sus particularidades, sus prioridades y características, las cuales deberán ser tomadas en cuenta para cultivar un presente pleno. Se trata de centrarse aquí, instalarse en el presente sin distracciones, el ahora es el único territorio que ocupa la vida, el presente es el agua en el cual nada el pez de la vida. Vivir el presente plenamente, en el fondo, la vida es eso: vivir momento a momento sin arrepentimiento, ni culpa ni remordimiento y, simultáneamente, sin miedo al futuro. Vivir el presente es enfoque existencial.

Cuando te hablo de aprender a vivir, de transmitir esa intensidad existencial en el aula, me refiero a que nuestros estudiantes se especialicen en vivir bien y esto únicamente puede ocurrir en un presente sabiamente abordado; se trata de saber vivir el presente sin descuidar el futuro, luego de haber aprendido lo que podemos aprender de él. Vive el presente sin condiciones, sin miedos, sin apegos ni dependencia, atrévete a descubrir la vida, sorpréndete de todo, asómbrate de nuevo como cuando eras niño, disfruta de explorar y conocer.

Desecha los pensamientos innecesarios, simplifica, disfruta de las pequeñas cosas de la vida, asegúrate para que tus expectativas no arruinen tu presente, obsérvate, eres habitante del presente, atrápate infraganti cuando estés a punto de complicarte o abandonar el presente.

Asegúrate de no abandonar el presente, único territorio donde se fusiona la vida con la magia, recuerda que solo existe el presente, por ello, permanece vigilante como testigo de tus propios pensamientos, permanece conectado al flujo de la vida que fluye exclusivamente en el presente. Si te especializas en vivir el presente, tendrás la capacidad de transmitir esto desde tu propia vivencia, tendrás el entusiasmo y la experiencia diaria, la fuerza que te da la coherencia. Vivir el presente es el secreto de la felicidad y también de un buen aprendizaje.

Valora tu tiempo en minutos no en horas, así podrás tener una idea más real de la magnitud del perjuicio que producen los ladrones del tiempo, limítate a hacer lo que estás haciendo, no te permitas vivir atrapado en lo que ya no existe, eso es el pasado; vivir no es sobrevivir, la vida comienza cuando comprendemos que lo único real es el presente y nos preparamos para habitarlo con plenitud.

Vivir el presente es estar plenamente aquí, disfrutando y fluyendo en vez de intentar controlarlo todo. Saborea cada instante, siente tu corazón, tómate tiempo para ti, si estás paseando eso es lo más importante, tan importante como la ducha que tomas cuando estás duchándote y nada más importante que las clases que impartes cuando estas en el aula.

Vivir el presente es estar consciente de todo lo que está ocurriendo y ocurriéndote a ti; ¿sabías que tu pasado en esencia eres tú, el resumen de lo que aprendiste y el resto es la cáscara que deberá ser desechada porque su tiempo ya caducó? Esto es fundamental que aprendan tus estudiantes; si aprenden a vivir el presente estarán mejor preparados para una vida donde no podemos distraernos ni malgastar nuestra energía.

Observa y obsérvate, preserva tu alerta, mantén tu atención máxima desde una profunda serenidad; olvida el pasado sin descuidar el futuro, pero vive el presente. Reflexiona antes de actuar, asegúrate que tus objetivos no interfieran en tu intensidad existencial enfocada en el presente, si tienes prisa haz todo despacio, es la mejor manera de llegar lejos y con lucidez; vivir el presente significa vivir más y mejor y ello incluye por momentos, varias veces al día, respirar conscientemente es una forma de instalarse en el presente, de percibir con todos los sentidos, de disfrutar tu cuerpo y el aprendizaje en curso.

Es posible cultivar un presente pleno y contagiarlo en el aula, reinventar la vida, no estamos condenados a vivir como nos dijeron, el relato que nos contaron estaba incompleto, quizá malintencionado, carecía de jazmines y la vida estaba ausente como haciéndose polvo mientras el molino del tiempo pulverizaba en vano los instantes que traía cada día. Me consta que es posible inventar nuevas formas de cambiar; descarta las recetas, no se trata de técnicas, es un reapropiarse de las riendas de nuestra vida, recuperar nuestro tiempo, germinar nuestro potencial y comenzar a sembrar semillas de nuevos hábitos en el intento de hacernos a nuestros objetivos y, desde ellos, al cumplimiento de nuestra misión. De la adquisición de nuevos hábitos, quiero hablarte a continuación, ¿tienes tiempo?

Te veo en la próxima carta.

Fraternalmente,

"Quien no se da tiempo para reflexionar, no tendrá tiempo para vivir"

CARTA 40

Ref. CÓMO CULTIVAR BUENOS HÁBITOS

Estimado Profesor / Estimada Profesora:

Hay dos hemisferios para contemplar en la educación, una consciencia, veinte inteligencias, numerosos sentidos y varios cuerpos invisibles a los ojos. Estás vivo, agradécelo y la mejor manera de hacerlo es perpetuar tu felicidad, ese ejemplo precisan verlo tus alumnos en el aula para contrarrestar tanto mal ejemplo ambulante. Algunos se desplazan enmascarados camuflando su podredumbre existencial, otros logran sospechosos triunfos y desde el éxito logrado nunca más tienen tiempo para vivir.

Vivir mal también podría ser un hábito, hay quienes se sienten bien cuando están mal y extrañan el conflicto cuando están en paz. No aprender a vivir se traduce en convertirse en coleccionista de malos recuerdos mientras dejan huellas grises, mal ejemplo que aporta confusión a quien no está atento. Resulta increíble encontrar en pleno siglo XXI personas con hábitos prehistóricos, moviéndose exclusivamente tras deseos e intereses, sin objetivos más elevados ni autocrítica, solo impulsos, inteligencia instintiva que los induce a vivir al ataque o a la defensiva.

Aprender a vivir es cultivar lúcidas decisiones, germinar buenos hábitos, acercarse con cautela a todos los riesgos necesarios, tejer plenitudes luego de transmutar lo cotidiano en extraordinario. ¿Un buen hábito?: que cada día sea espectacular y que, como educador, contagies este fervor existencial a tus estudiantes.

Sabes que no nacemos humanos, que nos humanizamos con la repetición diaria de una secuencia de actos que terminan convirtiéndose en actitudes y hábitos y, con el tiempo, en un estilo de vida. Obviamente esto puede cambiarse y mejorarse, cambiar un hábito llega incluso a transformar la vida, de eso se trata. Comienza realizando un inventario de los hábitos que constituyen tu vida, a continuación, una segunda lista de los hábitos indeseables, los que quieres cambiar y, en su reemplazo, podrías elaborar otra lista de hábitos que te gustaría incorporar a tu vida. ¿Te animas a trabajar esto también en el aula? No importa qué materia dictas, la vida es la materia transversal que atraviesa todo el proceso educativo.

Un hábito es un comportamiento repetido que incluye actos, acciones y actitudes. Hablamos de hábito cuando el cerebro automatiza el proceso. En realidad, los hábitos son como las células que constituyen un estilo de vida, en ese sentido te propongo en principio que observes qué tipo de hábitos tienes, analiza la importancia de tenerlos, la ayuda que realizan para mantener la calidad de vida elegida y acercarte al logro de tus objetivos. Así cómo es posible cambiar los hábitos indeseables, también podemos cultivar nuevos buenos hábitos debidamente compatibilizados con nuestros objetivos y el estilo de vida elegido.

Precisamos recuperar la capacidad de soñar, de gestar sueños increíbles, algunos de ellos traducirlos en grandes objetivos, los cuales serán alcanzados con pasos pequeños, esa es la combinación que todo educador precisa comprender para retransmitir a sus estudiantes. Me imagino docentes soñadores empedernidos, capaces rápidamente de motivar a sus aprendices, docentes que sean coleccionistas de buenos hábitos, que estén en condiciones de fundamentar cada hábito que tienen, incluso recomendarlo. Si quieres enseñar a crear un nuevo hábito la secuencia básica comienza con la elección traducida en frecuencia y constancia durante un mes. Ahí estaremos en presencia de un nuevo hábito.

Es importante conectar tus hábitos, en especial los nuevos con tus objetivos y ambos con tu propósito existencial; trabaja en esto uno por uno sin prisa, recuerda que la velocidad es inversamente proporcional a la profundidad. A manera de ejemplo, quiero enumerar a continuación un conjunto de hábitos recomendables los cuales son parte de una vida planeada con lucidez. Comencemos señalando que la vida no es la secuencia de adaptaciones a las circunstancias que nos toca vivir, eso es mera supervivencia, la vida que te propongo transmitir a nuestros niños, niñas y jóvenes es una secuencia vivencial elegida de manera consciente y voluntaria. Estamos hablando de llegar al punto en el cual cada uno diseña la vida que quiere vivir.

Podemos generar en nosotros el hábito de alimentarnos sano y, gradualmente, nuestro cuerpo desarrollará una gran sensibilidad que nos inducirá a rechazar de una u otra manera cualquier alimento antisaludable, esto también se aplica al consumo exclusivo de agua para beber. Otro hábito recomendable es la disciplina, es solo cuestión de repetirla hasta que nos resulte primero fácil y luego disfrutable. Podemos habituarnos al optimismo, a mirar siempre el lado positivo de las cosas y a la lectura, es como conversar con gente sabia en el momento que tú deseas. El hábito de la lectura es de los más beneficiosos cuando se practica desde temprana edad; también es recomendable generarnos la costumbre de la reflexión, de esta manera podremos ir domando los impulsos y aprendiendo a manejar nuestras emociones. Otro hábito recomendable, más aún en este tiempo de vida urbana y sedentarismo, es el hábito del ejercicio diario, altamente recomendable a toda edad, y el hábito de la higiene a todo nivel.

Ser ordenado es otro hábito necesario, de esa manera ahorraremos tiempo. Podríamos extender la lista, sin embargo, este es el trabajo que debes realizar tú, primero trabajando en ti para mejorar la calidad de tu vida y, por otro lado, en tu labor de educador requieres tener la experiencia fresca y la práctica constante de estar creándote los hábitos que requieras según la coyuntura existencial en la que te encuentres.

Que tus estudiantes sepan identificar hábitos negativos, que aprendan a elaborar una estrategia creativa para reemplazar un hábito por otro, que estén preparados para comenzar en el momento justo evitando la trampa de las postergaciones. Entusiasma a tus estudiantes para que desde esta edad aprendan a rediseñar sus vidas y lograr vivir como sueñan. Que sepan cómo crear nuevos hábitos, que tengan hábitos ejemplares, hábitos que les faciliten el logro de sus objetivos, hábitos inteligentes porque en el fondo un hábito es solo una herramienta para para lograr los objetivos que anhelamos, que comiencen con una visión autocrítica identificando los hábitos que actualmente tienen.

Fundamental que se decidan a crear nuevos hábitos siendo conscientes de los efectos colaterales de los hábitos negativos.

Respiro profundo, acudo por un momento al silencio, es mi consejero fundamental, un pensamiento indebido, como veloz caballo, cruza todo lo ancho de mi mente. Me alojo en la escritura nuevamente, me acojo a la reverencia, me instalo en la zona sagrada de la vida para escribirte de la sabiduría ancestral, esa montaña transparente donde moran los abuelos. Con ese tema quiero reunirme contigo en la próxima carta.

Hasta pronto,

CHAMALÚ

"PODER ES AQUELLO QUE TE PERMITE HACERTE CARGO DE TU VIDA Y SER FELIZ CUANDO TU DECIDAS"

CARTA 41

Ref. SABIDURÍA ANCESTRAL APLICADA A LA VIDA

Estimado Profesor / Estimada Profesora:

Mi bisabuela indígena quechua me devolvió la salud y la vida, ella sabía más que los médicos, era analfabeta, pero sabía leer las nubes, las huellas y el vuelo de las mariposas. La prepotencia colonizadora, temerosa de la sabiduría ancestral, incendió ese conocimiento, saqueó la riqueza secundaria, ignoró la fundamental, profanó lo sagrado, tomó prisionera a nuestra libertad y deshabitó de sentido nuestras vidas, luego de dejar herida la identidad.

Cuando se marcharon, quedaron diseminados montones de irreverencias, telarañas de confusión deculturadoras; demolieron el perfume de los rituales, procedimientos inexplicables que nos permitían dialogar con las otras realidades. Cuando se marcharon, dejaron sombras por huellas, pero la semilla de sabiduría desgranada por la irreverencia pasó la prueba del tiempo y germinó caprichosa, disponible al buscador respetuoso. No se trata de volver al pasado, buscamos perforar la estupidez, desatar el viento, decodificar el misterio, comprender el silencio con el que dialogaban nuestros abuelos. Lo sagrado tiene ramas, flores y frutos, las estrellas nos recuerdan el origen y el destino; nos asedia la frivolidad, seamos realistas: lo imposible es posible desde otra cosmovisión, solo precisamos el valor suficiente para purificarnos de toda alienación y atrevernos a mirar a la vida de frente y junto a nosotros, a los niños, niñas y jóvenes con los que compartimos enseñanza.

Estoy dispuesto a compartir el conocimiento recopilado y producido para contribuir a la gestación de una nueva generación de mujeres y hombres; la sabiduría ancestral pone a prueba la validez del conocimiento occidental contemporáneo; no es posible que el hombre actual se considere civilizado y viva tan mal, no comprendemos cómo puede saber tantas cosas y no saber vivir. Desde la sabiduría ancestral aprendimos que somos parte de la sinfonía cósmica, que nuestra estupidez desafina el concierto de la vida, que vivir es transmutar, que nuestra propia transformación es la alquimia existencial imprescindible para convertir la oruga en mariposa.

Cada uno es el hierro que debe ser convertido en oro, es necesaria la desintoxicación y la muerte simbólica para posibilitarnos el renacimiento, más aún si somos educadores; es necesario iniciarse a la vida, participar conscientemente del gran amanecer existencial, esa fiesta reservada para los valientes que se atreven en principio a dudar de todo lo que les enseñaron, a preguntarse, buscar y explorar otras cosmovisiones, a los que se atreven incluso a pensar en contra de lo que pensaban y no se conforman con explicaciones básicas.

La vida es un todo inseparable, fragmentar como se hace con la salud, por ejemplo, es destruir esa suprema unidad, por eso presenciamos la aparición de escombros humanos, enfermos de infelicidad en todas partes.

Para transitar el sendero de la sabiduría ancestral, hace falta graduarse de aprendiz, permanecer alerta, sereno y abierto a la vida, entonces, ella será tu principal escuela. Poco a poco comprenderemos que todo es uno, que todo está vivo, por ejemplo, las piedras parecen sin vida simplemente porque viven períodos más largos que nosotros y poseen un metabolismo diferente. Comprender la sabiduría ancestral supone comprometerse con la vida, darnos cuenta que la naturaleza está en clave esperando ser decodificada, que ella es una fuente de energía y orientación y que solo tenemos que recuperar nuestra sensibilidad para beneficiarnos de presencia sanadora.

El occidental ve la realidad fuera de sí mismo, por eso destruye impunemente a la Madre Tierra, su pensamiento lineal bloquea su sensibilidad, de esta manera su ignorancia está garantizada y también su capacidad destructiva. En la sabiduría ancestral existe una jerarquía circular donde todos son importantes y necesarios, la falta de uno de ellos obliga a una reacomodación de la totalidad generando desequilibrios. Nosotros hablamos de la sabiduría del corazón y la herramienta de la intuición, sabemos que esto se incrementa cuando nos transformamos y crecemos, sabemos que crecer es ir de la dimensión telúrica a la dimensión cósmica, que la realidad hay que sentirla para luego poder pensarla, que el pensamiento por sí solo atrapa solamente fragmentos y con ellos uno termina auto-engañándose.

Después de haberse formado o deformado en la educación convencional la mayoría de los exalumnos, prefieren que se les diga dónde está el camino en vez de construirse uno a su medida; los rebaños de creencias fabrican ovejas conformistas; desde Pedagogía Wayra buscamos devolver al humano la capacidad de abordar su mundo interior y liberar su potencial. Lo importante es preguntarse y responder no a la pregunta de dónde venimos, sino a qué venimos.

En lo profundo de toda experiencia no hay tiempo; sentir es tan importante como pensar, juntos -sincronizando ambos hemisferios- nos volvemos poderosos. Sumergirnos en la sabiduría ancestral es descubrir en cada instante la semilla de la eternidad, llegando al punto de saber con nitidez lo que corresponde hacer en cada momento. Este es un tiempo para transmitir a las nuevas generaciones estas viejas novedades.

Quiero que me ayudes como docente a desmantelar la estupidez como forma de vida, a otorgar más atención a la calidad con que vivimos que a la economía, a formar oasis de resistencias lúcidas frente a la globalización de la banalidad, a celebrar las diferencias de forma y usar nuestra diversidad cultural como factor de unidad. Tú sabes, presenciamos la descomposición de la civilización actual, donde sea que miremos está cayéndose a pedazos y, al caerse, está destruyendo con más fervor a las nuevas generaciones y a la Madre Tierra. Estamos conscientes que cada vez existe menos sabiduría ancestral, sabemos de la urgencia de descolonizar el conocimiento, precisamente para ello es necesario anclarse a las matrices culturales del saber ancestral y las cosmovisiones originarias.

En este sentido buscamos un cambio radical en los sistemas de educación, es necesario cambiar las formas de pensar, sentir y vivir, buscamos una civilización alternativa, plural, humana y ecológica que respete la diversidad y explore otras formas de vida, más aún si están inspiradas en los saberes originarios y ancestrales. Soñamos una civilización abierta creativamente a otras formas de vida, donde la vida sea lo más importante y que las nuevas generaciones no nazcan con la incertidumbre de la destrucción planetaria. La sabiduría ancestral guarda muchos secretos y claves para vivir bien, sumerjámonos en ese apasionante descubrimiento e

iniciemos a nuestros estudiantes en el sagrado arte de vivir bien.

Nuestros antepasados somos nosotros; anochece, pero hay sol en mi alma, de repente el día ya no está, las estrellas parecen los ojos curiosos de otro Universo, su distante luz me habla de una danza infinita de años, por un momento me siento solo ante semejante panorama estelar; regreso a la carta, recuerdo que me estaba despidiendo, pasa un anciano, cuántos años ya treparon en su cuerpo encorvado, a continuación dos jóvenes con la vista inmóvil, clavada en sus celulares, la escena se repite. De manera urgente te propongo hablar de la pantalla que atrapa, de los cada vez más frecuentes secuestros visuales. Te espero en la próxima carta, con este apasionante tema.

Hasta pronto,

"Quien no da forma a su vida, será deformado por él día a día"

CARTA 42

Ref. SECUESTRADOS POR LA PANTALLA

Estimado Profesor / Estimada Profesora:

Si no queda claro el tema de esta carta, me refiero a todas las pantallas que atrapan nuestra mirada: televisor, computadoras, tabletas, celulares y lo que esté a punto de salir a la venta. La vida es un paisaje diverso, concentrarse básicamente en contemplar pantallas es un peligroso reduccionismo existencial solo apto para quienes permitieron que su vida sea domesticada y colgada en la cruz de lo artificial. La primavera humana se marchita cuando no priorizamos con lucidez nuestras acciones, la belleza no reposa en quienes viven corriendo, la oruga no deviene en mariposa si no tenemos tiempo para encontrarnos con nosotros mismos.

Cuando levanto mis ojos descubro imponentes montañas y fiesta de colores, cuando respiro consciente me siento vivo palpitando con fervor, latiendo agradecido por la gentileza de la vida; cuando permanezco atento sintonizo el silencio que me dice tantas cosas de otra manera y el canto de pájaros e insectos; no estamos solos, ni siquiera cuando estamos solos. Cuando palpo la piel de la vida en su diverso formato mis manos se convierten en abrazos y caricias, siento entonces que la vida incluye tantas cosas; no propongo descartar la tecnología, ella inteligentemente usada es de gran ayuda, sin embargo, reducir la vida al punto de convertirnos en accesorio descartable de la gran maquinaria es un insulto contra la vida misma y su posibilidad evolucionaria.

Te habita el Universo entero, recuérdalo; llena tu vida de diversidad, visita todas las posibilidades que cada coyuntura permite, amplia tus límites y no te prives de nada bueno, entonces tu vida devendrá en inolvidable fiesta de crecimiento y felicidad.

Habitamos el siglo XXI, globalización galopante, el planeta entero convertido en una aldea global, mercado único, flujo y reflujo de información y capitales, posibilidad de ver en tiempo real y de manera simultánea lo que está ocurriendo en cualquier parte del mundo. Ahora es posible intercambiar experiencias, conocimientos, información, establecer con sorprendente rapidez redes solidarias, acceder a bibliotecas virtuales, suscribirse a buenas revistas, tener bibliografía selecta en nuestra computadora personal.

Gradualmente nos vamos encaminando a un mundo cada vez más digitalizado, pronto las clases de los centros educativos y universidades se podrán recibir vía online en cualquier parte, así como trabajar desde casa o quizá desde un crucero en el caribe.

La radio en principio nos conectó internacionalmente e incrementó la imaginación de quienes crecimos escuchando historias y relatos dramatizados que nuestra creatividad completaba. Luego llegó la televisión y la imagen comenzó a hacer retroceder nuestra capacidad imaginativa, pero aún estábamos lejos de circunstancias como las actuales, donde el culto a la imagen pasó a ser una epidemia administrada por uno mismo llegando a niveles de auténtica adicción.

Ahora es posible escuchar excelentes conferencias on-line, pero la mayoría prefiere el intercambio de banalidades y rumores en las redes sociales. Detengámonos un momento, comencemos admitiendo la necesidad de que todos los profesores se capaciten y puedan manejarse con tranquilidad en el mundo virtual, para de esa manejar conocer los códigos que manejan sus estudiantes. En la actualidad, se habla de analfabetismo digital a quien no se capacitó en el manejo de este nuevo lenguaje.

Enseñemos a los niños, niñas y jóvenes a adentrarse en el mundo digital con una actitud crítica, que sepan que el exceso de conexión resulta negativo a varios niveles. Los estudiantes deben crecer sabiendo que el exceso de TV e Internet aplana la creatividad, anula la comunicación, además de generar una gran contaminación electromagnética, invisible, pero no por ello inexistente. Estoy consciente que esta tarea no es fácil, sin embargo, con creatividad es posible lograr resultados sorprendentes. A los jóvenes les encanta la rebeldía -esto es el camino a una pedagogía rebelde-, saber decir NO es un acto de rebeldía, lanzarles como desafío puede ser del agrado de muchos.

No se trata de negarse al avance de la tecnología de comunicación, ello no sería posible, se trata de entrenarse para un uso inteligente, de aprender a dosificar y seleccionar, descartando contenidos basura y reservando tiempo para actividades físicas y al aire libre, así como el fundamental tiempo de lectura. Mientras no se resten horas de sueño o estudio, de actividad en la naturaleza y lectura de libros, el uso de internet podría ser algo positivo, más aún cuando se aprendió a seleccionar con lucidez los contenidos.

No es recomendable dar un teléfono celular a niños muy pequeños, aún se desconoce todos los efectos colaterales de la contaminación electromagnética con el aparato cerca su cerebro en formación, es posible que pronto esta práctica sea evitada o reemplazada la tecnología actual por contaminante. Es necesario limitar el uso de celulares en esta etapa, enseñarles a usar con altavoz, evitando de esa manera acercar a la cabeza donde podrían alterar las ondas cerebrales y sus procesos naturales. Niños, jóvenes y adultos deben evitar dormir con el celular encendido o cerca de la cama, de igual manera las mujeres evitar guardarlo cerca de los senos y los hombres cerca de la ingle, estas prácticas resultan altamente antisaludables y potencialmente cancerígenas.

Es recomendable por las noches apagar el aparato wifi para evitar dormir irradiados, situación que podría traducirse en levantarse cansado por la mañana, fatiga, trastornos en el sueño y en algunas personas palpitaciones; en los estudiantes puede generar trastornos de la atención y dificultad de concentración y, en general para todos, en un veneno inmunológico. Te sugiero como docente que comiences primero contigo a generar una disciplina en el manejo de esta tecnología, evitando caer en comportamientos adictivos, observa que no te cambie tu manera de ser, que no te deje sin tiempo para leer ni interfiera la comunicación con los demás, generando lagunas de incomunicación cada vez más frecuentes en las familias contemporáneas.

Desconéctate por algunas horas del día y, al menos, un día a la semana. Maneja con inteligencia esta tecnología, analiza qué podría pasarte si ves menos TV y reduces el tiempo en las redes sociales, habla de este tema con tus estudiantes, refiérete al acoso virtual cada vez más frecuente, a la mala influencia que las nuevas generaciones pueden recibir, a los riesgos y peligros, al hackeo, a la incitación al odio y al fanatismo, a los fraudes, mostrándoles también la posibilidad de escuchar a los mejores conferencistas vía online, de ver los lugares más increíbles del planeta, de acceder a miles de documentales preciosos, de tomar los cursos de aquello que nos interese, así como aprender otros idiomas; si los estudiantes están familiarizados con las oportunidades y riesgos, si hablamos con ellos abiertamente de las ventajas y desventajas, incluyendo aspectos de salud mental y ocular evitando la inútil prohibición, estaremos ayudándoles a prepararse para un mundo que ahora tiene esas características y apenas comienza. Sabes que es posible usar las redes sociales también para educar, esa es la alternativa que proponemos, luego de mantenerte bien informado de las más recientes tendencias que vanguardizan el mundo virtual que vino para quedarse.

Por momentos me quedo preocupado, los pétalos fueron reemplazados por pantallas, el tiempo libre quedó herido de muerte, condenado a vivir prisionero de redes inalámbricas, prisiones invisibles hábilmente equipadas para aparentar normalidad. Del tiempo libre y su inminente extinción quiero hablarte a continuación, solo tienes que reincidir en esto y continuar recibiendo estas cartas.

Hasta pronto,

CHAMALÚ

"Más allá de la rutina comienza la vida"

CARTA 43

Ref. USO CREATIVO DEL TIEMPO LIBRE

Estimado Profesor / Estimada Profesora:

Hoy sopla el viento, el optimismo de mi hermano se apaga, mi alegría crece, tengo el entusiasmo fresco y la mirada decidida, los problemas son regiones que precisamos saber atravesar, los envidiosos aúllan como siempre, hay muertos vestidos de vivos, el modo zombie de existencia se está poniendo de moda; hay vidas desoladas, purgadas de profundidad y trascendencia, de propósito y lucidez. El tiempo -reflexiono-, el tiempo libre… ¿es que hay un tiempo que no es libre?, me pregunto, esa es la vida que se vende en el mercado laboral. Me respondo: el invierno es largo para quien cree que nacimos para trabajar, menos mal que los educadores no trabajamos, cumplimos una misión mientras crece nuestra consciencia, reconozco que estoy bien, no me soportaría de otra manera.

Mi vecina no profundiza, directamente perfora su vida, ayer me disparó una ráfaga de críticas, siento que me recrimina por ser feliz, por vivir diferente, por vivir mientras ella solo sobrevive. Su carácter es tempestuoso, parece que algún día perdió el alma, quedó en su lugar una sombra, su alegría se despeña cada día, su capacidad de amar se ahoga sin desahogo posible, su existencia está reducida a un puñado de carbón, pronto quedarán únicamente cenizas. Ella también fue a la escuela, a la academia, se rumora que no terminó la universidad, quizá la universidad le terminó a ella.

El tiempo libre somos nosotros descansando por todo lo largo y ancho de cada día, es la geografía cromática con múltiples caminos, es la naturaleza desenfrenada, es la libertad paseándose desnuda, es el mar danzando desde la madrugada; presiento que los jóvenes no están preparados para manejar con lucidez su tiempo libre. No se trata de atiborrarles con tareas y deberes para casa, ese es otro tiempo, no invadamos sus vidas mezclando lo escolarizado con su tiempo personal.

Comencemos hablando de ti como educador, ¿qué haces con tu tiempo libre? Hay mil formas de descansar mientras aprendes y disfrutas, empero es importante prepararse para ello. Comienza valorando más tu tiempo, revalorizando cada instante, desarrollando la capacidad de tratar bien a cada momento y sacarle el máximo provecho, ya sabes, no podemos evitar el paso del tiempo, pero es posible evitar que pase en vano, es posible convertir su inevitable paso en crecimiento.

Puedes hacer lo que quieras con tu tiempo libre mientras garantices crecimiento, disfrute y acciones solidarias, en tu caso, como educador que eres, incluso podrías vivir de vacaciones mientras trabajas, porque tu actividad es posible llevarla a niveles de auténtico disfrute. Te propongo hablar solo de ti y, luego, que aclimates todo esto que hablamos a tu aula, según la edad que tengan tus estudiantes.

Me atrae la idea de vivir de vacaciones, dedicarnos a lo que amamos, invertir en aprender lo que nos gusta y en desarrollo personal que dará más calidad a tu vida, cultivar nuevos hábitos, aprender un nuevo idioma. Es tiempo libre aquel que no está programado ni regido a un horario y todos tenemos mucho tiempo libre cada día, sin embargo, el tiempo libre se convierte en un problema cuando no estamos preparados para administrarlo con lucidez.

Tu tiempo personal, el que decides cómo manejarlo, tiene que ser tu mejor tiempo, sin que esto vaya en desmedro de tu otro tiempo que también tendría que ser espectacular. Es un tiempo para fluir e invertir en uno mismo, podrías elegir realizar actividades terapéuticas, jornadas al aire libre, acciones solidarias. Invertir en tu salud es una de las mejores decisiones, así como aprender lo que te falta aprender y te encanta. El contacto con la naturaleza siempre lo agradece el cuerpo y el propio equilibrio psicofísico, asegúrate que tu tiempo personal sea un tiempo de creatividad, con esa dosis de locura, de espontaneidad y originalidad, donde puedes ser más que nunca tú, pero lo mejor de ti.

No permitas que cualquier actividad o persona invada tu tiempo personal, este debe ser manejado con un plan flexible, pero planificado, de esa manera garantizarás el uso optimizado de tu tiempo. También podrías usar esta circunstancia para despertar habilidades artísticas, juegos de creatividad, practicar el deporte que te agrada; hacer lo que amamos es más importante de lo que parece, date tiempo para ello. Podrías escuchar buena música, ver películas inspiradoras, tomar tutoriales por internet, abundan enseñanzas gratuitas en este tiempo virtualizado; también este tiempo puedes usarlo para emprendimientos sociales sin fines de lucro e iniciativas ecológicas.

La recreación es un derecho, disfrutar es necesario para preservar la salud mental; tu tiempo libre debe ser un tiempo de creatividad, si quieres usar las redes sociales podrías aprovechar para enviar frases inspiradoras a tus amigos y compartir nuevos aprendizajes, pero sin quedar atrapado en las redes, todo a su tiempo y bien dosificado; manejar el tiempo personal requiere lucidez adicional. Los voluntariados son otra alternativa al tiempo vacacional -se ayuda, aprende y divierte-, así como llevar a cabo algo no habitual y, obviamente, hacer siempre lo que te apasiona.

¿Qué hace la gente los fines de semana? La mayoría deja correr su tiempo sin sacarle el provecho respectivo; asegúrate de romper la rutina, nada más desagradable que un tiempo libre convertido en rutina. Podrías rediseñar tu habitación, eso nos da otra sensación y ello es bueno, salir en bici, practicar alguna manualidad, pero lo más importante es saber estar con uno mismo sin perder la oportunidad para conocerse un poco más, así como aprender lo que elijas por el placer de aprender.

Analiza cómo estás usando tu tiempo, conviértete en experto en planificar e improvisar, al terminar el día escribe lo que hiciste, evalúalo; siempre que puedas viaja y cuando traslades todo esto al aula comienza enseñándoles a valorar el tiempo, que tus estudiantes tomen consciencia de la fugacidad del mismo, que cada día es por última vez y que el tiempo libre, tiene que ser, nuestro mejor tiempo.

Una última confesión: toda mi vida anduve llevando a cuestas mi tiempo libre, discreto cuando me rodeaban los que viven para trabajar, de prisa ante los envidiosos, contagioso frente a los que quieren aprender; si el tiempo nació libre, ¿por qué cargarle de obligaciones y otras necesidades innecesarias? Preserva tu tiempo libre, tus estudiantes se darán cuenta y en el futuro te lo agradecerán. Que aprendan a no vender toda su vida, que aprendan a nadar críticamente para no ser arrastrados por la corriente del consumismo; con el tiempo aprendí que la prosperidad no es cuestión de dinero. Este es el tema de nuestra próxima cita.

Un abrazo,

CHAMALÚ

"Intenta estar siempre a la altura de tu vida"

CARTA 44

Ref. LA PROSPERIDAD NO ES CUESTIÓN DE DINERO

Estimado Profesor / Estimada Profesora:

Un día descubrí que la pobreza no es voluntad divina ni resultado de la pereza, la pobreza económica de la mayoría es la sombra que inevitablemente deja esta civilización para posibilitar la riqueza y el derroche de una minoría privilegiada. No se trata de trabajar mucho para eludir la pobreza, vivir para trabajar es una manera de manipularnos, mantenernos ocupados y preocupados. La vida se detiene cuando nos limitamos a trabajar, se desploma nuestro potencial cuando gastamos toda nuestra energía en obtener un dinero que de antemano ya está previsto en que será gastado.

Vivir embriagados por lo material es ignorar nuestro propósito existencial. Tú como educador, antes de correr como nos recomiendan, detente en la orilla de lo convencional, agranda tu visión, observa las cárceles laborales que nos proponen a cambio de entregar nuestra libertad. No, no se trata de no trabajar, precisamos hacer lo que amamos y enseñar eso a nuestros estudiantes, ellos deben saber que el dinero sin lucidez, el crecimiento de la cuenta bancaria sin crecimiento consciencial, es espuma que luego se desvanecerá. Sombrío es el futuro de quienes apuestan su vida a la ilusión, tinieblas se avizoran para quienes no aprenden a vivir.

La vida es profunda, callada, los talentos permanecen enterrados; la consciencia se desespera a medida que pasan los años y no pasa nada más que el tiempo; la defunción del fervor existencial es preanuncio de una vida cortada por la frivolidad, el cataclismo será inevitable para quien decidió hacer un pacto con el vacío, instalándose a continuación en una zona de confort material, ecosistema ideal para que se pudra el alma y paralice la consciencia.

Comencé esta carta diciéndote que la prosperidad no es cuestión de dinero, en realidad te hablo de una prosperidad integral, de manejo energético, de cultura financiera que es mucho más que acumular dinero, prosperidad es capacidad de manejar bien nuestra vida, elevándola a niveles de calidad existencial.

También quiero decirte que el desempleo no es solo un problema económico, eso es tan falso como el pensar que trabajando mucho nos haremos ricos. Hay muchos mitos en torno al dinero y debemos comenzar por desmantelarlos.

Como educador precisas manejar tus finanzas con impecabilidad, porque en este punto precisamente se quiebran muchos jóvenes; cuando te pregunten sobre el dinero, el éxito y la prosperidad de algunos no puedes negarles una palabra lúcida y una orientación adecuada. Por ello tu compromiso en este tema es doblemente importante; mal manejado el tema financiero puede destruir definitivamente una vida y reducirla a escombros. Lamentablemente no se enseña nada en los centros educativos sobre el manejo del dinero ni se les dice que no nacimos para trabajar, por esto tantos jóvenes terminan reemplazando su vida por el trabajo.

El primer capital que disponemos es la vitalidad heredada, la cual deberá ser administrada con lucidez, porque descuidada la vitalidad la vida será lamentable, incluso cuando se tenga mucho dinero. El segundo capital es el conocimiento y este se adquiere con una formación adecuada; el tercer capital son los contactos, de manera que saber hacer relaciones oportunas, puede ser una de las mejores decisiones. Finalmente, ocupando un cuarto lugar en importancia, aparece el dinero; si no tenemos dinero, pero poseemos los tres anteriores podremos hacer dinero con facilidad, eso deben saberlo nuestros estudiantes antes de lanzarse a la vida armados de un alfiler.

Mejora tus relaciones desde ahora, no compres lo innecesario, ten cuidado con las deudas, es preciso saber cuándo, cuánto y cómo. Los créditos no son buenos ni malos, deberá saberse si son oportunos y parte de una buena estrategia de inversión. Es importante mantenerse informado y en permanente capacitación, tener objetivos claros; es recomendable redefinir el éxito, saber manejar lo que tenemos, conocernos al punto de saber con exactitud para que somos buenos y junto con ello, tener claro lo que nos apasiona, con base en ambos podremos elaborar un buen plan financiero personal, por ejemplo, trabajar desde casa es una tendencia creciente que nos permite ahorrar el tiempo de viaje diario.

Prepárate, pero antes ten claro que el destino no es el trabajo, ya sabes que no estamos en la Tierra por razones laborales, esto es apenas necesario y complementario, es la atención de nuestras necesidades básicas, sin embargo, la vida se organiza a partir de la atención de las necesidades superiores en las cuales la evolución consciencial es lo fundamental. Precisamos aprender a hacer negocios, esto es, saber manejar bien nuestro tiempo, combinarlo lúcidamente con nuestros talentos y aprovechar oportunidades.

Es importante también aprender a manejar el dinero, destinando una parte al ahorro, aunque sea un pequeño porcentaje, así como a nuestra formación personal y acciones solidarias; ser próspero es más cuestión de inteligencia, conocimiento y contactos que de dinero, esto deben saberlo nuestros estudiantes.

Trabaja, pero no por dinero, es diferente; enseñemos a los jóvenes para que planifiquen desde temprana edad sus finanzas, que elijan dedicarse a lo que aman y sean tan buenos que el éxito financiero sea un efecto colateral no un objetivo; que crezcan sabiendo lo peligroso del dinero fácil, la importancia de la creatividad y que no hace falta mucho dinero para hacer dinero. Que sepan desde jóvenes que es muy difícil hacerse prósperos trabajando duro, que es mejor planificar la vida para no trabajar, para vivir haciendo lo que aman y que les paguen por ello; también podrían trabajar duro un tiempo, pocos años para hacerse de un capital y luego invertirlo y garantizarse ingresos pasivos, que el dinero trabaje para ellos y entonces dedicarse exclusivamente a hacer lo que aman.

Es necesario saber, además de lo anterior, que para recibir hay que dar, a menudo es preciso cambiar la idea que tenemos del dinero, la gente que vive solo para trabajar no tiene tiempo para vivir además de mostrar un lamentable déficit de creatividad. Fundamental tener cultura financiera, tener amigos inteligentes que nos inspiren, abandonar cuanto antes la zona de conformismo, suprimir el hábito de postergar, tener claro lo que es más importante en la vida, descartar el miedo al fracaso o, como te dijimos en otra carta, atreverse a correr los riesgos necesarios con lucidez. Atrévete a enfocarte, a rechazar lo que no te interesa sin miedo a quedar mal, a no gastar lo que no tienes, a trabajar solo tres días a la semana o muy duro una etapa de tu vida, recuerda esto: más importante que ganar mucho dinero es saber administrarlo, la buena administración de las finanzas nos otorga libertad financiera y ello, de la mano de la lucidez y la sensibilidad, garantizará calidad a nuestra existencia. Este es un tema extenso del que te hablaremos en un programa especial, ahora queda en tus manos la responsabilidad de aclimatar este contenido a la comprensión de tus estudiantes, si lo haces bien dejarás en ellos una imborrable huella, pasando a categoría de maestro inolvidable…

No sé si esta carta llegó a tiempo para contribuir a re-organizar tus finanzas, a menudo palpar la piel de los errores produce nuevas heridas, descarta todo remordimiento, siempre es posible fabricar nuevas etapas, inspirar nuevas conquistas, establecer nuevos pactos, ratificar nuestra condición de hijos de la Tierra, guardianes a corazón abierto, dispuestos a impedir que las golondrinas se marchen y que la esperanza se marchite. Desde la orilla de un nuevo amanecer quiero reunirme contigo de nuevo para hablar de la ecología y eso que resuena en contra de la vida.

Un abrazo,

"La felicidad es un estado de consciencia que no depende del entorno"

CARTA 45

Ref. ECOLOGÍA VIVENCIAL PARA LA SUPERVIVENCIA

Estimado Profesor / Estimada Profesora:

Es confusa la existencia de quien no se asume como hijo de la Tierra, guardián de la naturaleza y hermano de la vida en su diversa presentación. Las nuevas generaciones pasan por nuestras manos, los que hoy destruyen la tierra también fueron nuestros alumnos un día. Hoy se enmascaran de modernidad y, agarrando la sierra del progreso, cortan en dos la vida, fatigando la capacidad de la nuestra Madre y, asimismo, de mantenernos con vida en su seno.

Aún estamos vivos, pero los glaciares se suicidan y muchas aves inician su vuelo sin retorno; la noche viste su traje más oscuro, menos insectos musicalizan su presencia, más estrellas se apuntan a la fugacidad mientras la puerta al futuro parece trabada. Es increíble esta civilización que asesina a los guardianes milenarios de la Madre Tierra y, a continuación, elige hábitos suicidas incendiando la posibilidad de un futuro mejor.

Frente a mi casa vive un hombre que nada sabe de ecología, también acudió a la escuela, mas su vida está deshabitada de sensibilidad. Aún es joven, participa del ritual laboral cada día, parece responsable en su irresponsabilidad consciencial; un día me acerqué a su vida con cautela, se estremeció mi cuerpo al constatar que era un zombie precoz que enarbolaba la bandera de la frivolidad, que carecía de principios y vivía solo para conservar el poder adquisitivo y el status que el dinero le otorgaba. Desde la puerta de mi vida le vi por última vez, mi siguiente encuentro con él fue cuando salía vestido de madera participando personalmente de su propio entierro. Quizá nunca supo que estaba muerto de antemano, que ese día final únicamente fueron protocolos funerarios para preservar las costumbres sociales.

Admitamos que somos parte de una civilización suicida, una sociedad antivida que destruye la posibilidad de mantener la vida del único planeta que tiene para habitar. Esto tienen que saberlo los niños, niñas y jóvenes, no podemos hablar de futuro si no aprendemos a vivir en la Tierra sin destruirla. Obviamente esto requiere una transformación del modelo civilizatorio actual, situación que ocurrirá vanguardizada por una nueva educación que comience generando consciencia y enseñe a las nuevas generaciones la importancia de valorar la vida y amar la naturaleza.

Necesitamos cambiar la forma de vivir, es decir, los hábitos de consumo influidos desde un norte consumista que está pudriéndose en su propia degradación. Simplemente no es posible vivir consumiendo como consumen en los países del norte, harían falta varios planetas para mantener a la población actual consumiendo como consumen ellos, derroche incluido. Es importante considerar la inviabilidad de este modelo civilizatorio con semejantes pautas de consumo y convivencia, no podemos vivir centrados solo en el crecimiento económico ni continuar engañándonos midiendo niveles de progreso material cuando la calidad de la vida cada año es peor. Tampoco podemos llevar una vida centrada exclusivamente en uno mismo, en una especie de sordera esotérico que, al empeñarse en su iluminación, hace gala de una inaceptable indiferencia respecto a lo que está ocurriendo en el planeta.

Vivimos en una crisis total por la separación del humano con la naturaleza, esta crisis se incrementó con la implementación de este modelo social que ha roto la armonía y la complementariedad de los humanos entre sí, del hombre con las demás especies, con la naturaleza y el Universo entero. Esta civilización con sus modelos de desarrollo, con su estilo de vida consumista agrede a la Madre Tierra, la vida está seriamente amenazada, admitámoslo y hablemos de todo esto en el aula. Continuamos pensando que los niños son el futuro de la humanidad, pero ¿de qué futuro estamos hablando? Si continuamos viviendo como se nos sugiere, si el ecocidio continúa indetenible como hasta ahora, simplemente no habrá futuro y eso deben saberlo las nuevas generaciones.

Quizá todo comience con volver a reconectarnos con uno mismo, darnos cuenta que somos parte de una telaraña vivencial donde todos somos importantes y necesarios, comprender la importancia de todos los elementos naturales para poder continuar habitando en el planeta sin sufrimiento ni enfermedad. Cuidemos y enseñemos a cuidar el agua -ahorremos porque podría agotarse el agua bebible-, preservemos los ríos que son parte importante del equilibrio planetario y los bosques, fábricas de oxígeno y reguladores del clima. Cuidemos los océanos, otro elemento importante en la producción de oxígeno y el equilibrio climático; tomemos consciencia de la importancia de reducir hasta suprimir la contaminación atmosférica, hay ciudades en las cuales es tan alta la contaminación del aire que ya se están dando casos de cáncer pulmonar sin haber fumado nunca.

Es importante también la preservación de todas y cada una de las especies, ellas forman parte de una cadena trófica que al alterarse genera la aparición de peligrosas plagas, devastadoras para la producción agrícola o generadoras de nuevas enfermedades. Que nuestros estudiantes se especialicen en cuidar los árboles, en defenderlos cuando se los quiere talar, que sean guardianes del agua, habituados a cerrar grifos descuidados, a ducharse gastando menos agua, a evitar el uso de bolsas plásticas, que nos sirven unos minutos, pero que contaminan durante décadas. Que nuestros estudiantes se conviertan en agentes ecológicos; que enseñen en sus casas a no comprar productos antiecológicos, a reciclar lo que se puede y reutilizar el resto, a separar la basura orgánica y direccionarla para un uso inteligente.

Las nuevas generaciones deberán ser formadas con una profunda consciencia ecológica, que salgan de la escuela convertidos en ecologistas, amantes de la naturaleza y la vida al aire libre. Ellos tienen que saber con profundidad y sin alarmismo las condiciones en las cuales se encuentra el planeta y la humanidad; que los niños y niñas aprendan a hacerse amigos de los árboles, que los abracen y escuchen el canto de los pájaros, que disfruten de las flores y los atardeceres, que gusten de mirar las estrellas y amen los animales y tengan fluidas relaciones con toda forma de vida. Que las nuevas generaciones sepan que todo está vivo, que todo es uno, que el planeta es nuestro hogar, y qué mejor que menos basura, más consciencia, que vayan por la vida apagando luces en el día, desenchufando, que sepan de la energía solar como la mejor fuente energética. Necesitamos una educación centrada en la vida, que prepare a los estudiantes para habitar con responsabilidad este tiempo, que desde ahora enfoquen su energía en la perspectiva de vivir bien, porque aún estamos a tiempo de aprender a vivir y continuar habitando este hermoso planeta.

Me reclino en el asiento que me sostiene, diversas emociones se encuentran en mi espacio interior, mi optimismo se sienta pensativo, el calentamiento global no es un problema técnico, el holocausto se asoma, el calendario se agota, es absurdo destruir este planeta y, a continuación, buscar otro para hacerlo habitable; seamos intransigentes, antes que la vida se apague y la muerte cante victoria prematuramente. A propósito, quiero compartir contigo una sospecha, tiene que ver con la muerte y su posible inexistencia. Hablémoslo en la próxima cita.

Hasta pronto,

CHAMALÚ

"¿Cuándo fue la última vez que fluiste?"

CARTA 46

Ref. LA MUERTE NO EXISTE

Estimado Profesor / Estimada Profesora:

Un día descubrí que la vida desemboca en la eternidad, que la muerte no existe, que esta existencia es una pausa entre dos eternidades, que es sombrío nuestro paso por la Tierra si no aprendemos a vivir. Se desata el hilo de nuestra existencia el día que somos concebidos, sonríe el Universo, comienza la aventura evolucionaria, embriaguez extática, fragancia de oportunidades, súbita partida de un tiempo con unánime fecha de caducidad. Cada día es por última vez, constato mi fugacidad, el pasado es ceniza, tiempo quemado que nunca más volverá, mientras la vida continúa corriendo; las orillas del aprendizaje están abiertas, la espuma de lo fugaz solo sabe de fuga, por la noche las estrellas decoran el luto del día que fue desplomado, en el tiempo de esa jornada nos sumergimos en la pequeña muerte que nos hace ensayar el viaje definitivo.

El cuerpo es la cárcel del espíritu, manifestó algún pesimista que sabía poco de la vida. El cuerpo es el vestuario del alma y el altar para celebrar la vida, por ahora, es un vehículo prestado para viajar en esta dimensión, un día tocará devolverlo para su respectivo reciclaje. Nada concluye, todo se transforma, una pausa y, a continuación, cuando sea el momento justo, otra ola vivencial entrará en nuestro campo energético y continuaremos de otra manera. Regresar es atravesar el túnel del escalofrío, las creencias erróneas son alimañas que corroen la visión y la comprensión de la vida. Estoy solo, soy libre, constato otras libertades, rompo el silencio, expreso lo que siento, fatigo al tiempo, desespero a los conformistas, transito por territorio prohibido, amplío los límites impuestos, descubro el escondido propósito existencial, comparto lo descubierto, renuncio a usar máscaras, me disfrazo de mí mismo y sin ruborizarme, me aparto del rebaño, enarbolando las banderas de la libertad.

La explicación estará adecuada a la edad de los estudiantes, los cuentos son metodología ideal para abordar temas como la muerte. Hablemos primero entre nosotros, luego aclimata estas reflexiones al aula de la mano de tu más recalcitrante creatividad.

Antes que suene la campanada final, antes que la muerte acuda presurosa a tu encuentro, antes que te abran la puerta dimensional y no tengamos más noticias tuyas, antes que tu cuerpo sea ejecutado por la biodegradación y se alargue el tiempo y la arena del olvido escribe tu nombre sin intención de retenerlo, antes que se multipliquen los recuerdos, se extienda la nostalgia y el reloj de arena agote sus latidos, asegúrate de haber cumplido la razón de haber visitado la Tierra, releyendo las características que tuvo tu vida.

Nadie visita la Tierra sin propósito existencial, nadie aborda la vida sin motivo más allá del comer, trabajar y descansar. Nuestra misión es la continuación de lo que venimos trabajando desde antes, es la historia de la evolución de nuestra consciencia, el resto son máscaras circunstanciales; tómatelo personal, porque tu vida solo podrá ser vivida por ti, no te marches con las ganas de nada bueno.

El verdadero rostro aparece cuando llegamos a conocernos; recuperada la sensibilidad, podremos deletrear nuestro propósito existencial, al principio será una vaga intuición, una simple sospecha poblada de sombras, poco a poco a medida que subimos a la vida plena, lo secundario dejará de tener fuerza seductora, la unión de la sensibilidad y el poder interior garantizarán una vida con propósito.

Con frecuencia las personas me preguntan, ¿qué hay después de la muerte? Mi respuesta invariablemente es que no nos preocupemos de lo que viene después de la muerte, que este es un viaje programado, que estemos atentos a lo que ocurre antes de la muerte y ahí nos encontramos con la vida. Decía Epicuro, celebre filósofo griego de hace dos milenios: "De la muerte no debemos preocuparnos porque cuando estamos vivos ella no está y cuando ella llega ya nosotros no estamos". Sin duda tenía razón.

Un día entramos a la vida, fue una generosa gentileza del Universo, crecimos en lo biológico, el despertar consciencial alude a un nuevo nacimiento, es cuando tomamos consciencia de nuestra fugacidad, de la vida que disponemos y de la fecha de caducidad inscrita en nuestros genes; esta es un breve visita con motivos evolutivos, somos una consciencia con largo recorrido habitando provisionalmente un cuerpo que un día será devuelto; es curiosa la condición humana, el homo sapiens se pasa toda la vida aprendiendo de todo y jamás se dedica a aprender a vivir, por ello se ve tanto zombie deambulando sinsentido, limitando su presencia en la Tierra a trabajar y comprar, mientras presenta estrés, infelicidad , depresión y colecciona enfermedades. Para no pasarse el trabajo de identificar las causas, se inventó el destino y le dio certificado de existencia, una ocurrencia más de la especie más exótica que habitó la Tierra.

Vayamos al grano, la muerte no existe, la vida es movimiento, la energía es danza microscópica, la transformación es permanente; habitamos varios cuerpos, diversas dimensiones, nuestra presencia en este tiempo está anclada a este espacio, también somos transeúntes de otros tiempos, la simultaneidad existencial no es ficción, solo requerimos otro paradigma para decodificarlo. ¿Estás vivo, viva? ¿Te das cuenta lo que implica estar vivo? ¿Comprendes que esto que llamamos vida es apenas una fugaz visita a este planeta? ¿Estás consciente que cada día es por última vez? Cada día renace la vida al amanecer, a las doce adquiere su esplendor, por la tarde declina y a la hora vespertina se apaga.

¿Presientes que ya no estarás dentro de un millón de años? ¿De mil, ni siquiera dentro de un siglo? La muerte camina a nuestro lado para recordarnos la inteligente decisión de valorar la vida en cada uno de sus instantes.

Todos vamos a morir, la muerte es natural, no es un problema, no tiene solución ni requiere preocupación, es parte de la vida y es ella la que debe ser descifrada; no hay mejor consuelo que aprender a vivir, entonces estaremos vacunados contra el infierno y el temor a la muerte habrá desaparecido. Tú como docente echa una hojeada a tu vida, recapitula tu devenir por la vida y, situándote al borde de ella, vive cada día como si fuera el último, un día efectivamente lo será y tú estarás familiarizado con esta ineludible circunstancia, recuerda que la mejor manera de prepararse para la muerte es prepararse para la vida.

La muerte nos recuerda el incalculable valor de la vida, la importancia de ser impecables en el álgebra de las decisiones y la urgencia de compartir estos secretos con las nuevas generaciones, evitando más sacrificios y aprendiendo a tejer sin vértigo la vida y sus más impredecibles oportunidades. La muerte no existe, es solo un cambio de ecosistema cósmico, una continuación de otra manera de nuestra evolución consciencial.

Y mientras perviva este modelo de civilización adicto a las sombras y la manipulación te propongo ayudar a tus estudiantes para construir con sus padres -o sin ellos- un refugio energético en casa, un bunker anti frívolo, un oasis donde la vida y su calidad sea lo más importante. ¿Te animas también tú a convertir tu hogar en un refugio y compartir esta experiencia con tus estudiantes? Ese será el tema de nuestra próxima carta.

Un abrazo,

CHAMALÚ

"Siempre que te atrevas se desplomará el miedo"

CARTA 47

Ref. CONVERTIR EL HOGAR EN UN REFUGIO

Estimado Profesor / Estimada Profesora:

Me acerco con cautela a tu vida, se me ocurrió escribirte estas cartas como una introducción crítica a la educación convencional y un redireccionamiento de nuestra atención a la formación del docente, clave en este proceso. Nuestro próximo libro LA ESCUELA INVISIBLE, Introducción a la Pedagogía Wayra, intentará invisibilizar las innovaciones, porque la nueva escuela, en principio, deberá ser rigurosamente invisible, no dejar huellas es la mejor manera de comenzar los cambios necesarios, frágiles en principio, indetenibles en su segunda fase.

Varias veces me invitaron a integrarme al sistema oficial, me escabullí rápidamente, aquello parecía un atraco, más aún porque había bastante dinero de por medio. Desde que encontré la puerta a la vida plena incendié todo lo innecesario; a veces, solo a veces, cerré los ojos y el olor de infelicidad proveniente de tantos hogares visitados me dejó pensativo, muchas sombras, poca poesía, gran vacío, abundante frivolidad asediando por todos lados, mientras la injusticia se paseaba impunemente por todo lo ancho de esta vida.

Entonces me dije: No permitiré que la ignorancia, prepotente por naturaleza, continúe tratando a empellones a las nuevas generaciones, dejaré correr rumores de buenas noticias, aún estamos a tiempo de salvar la vida. Comencemos salvando nuestro hogar de vibraciones contaminantes, declaremos nuestra casa zona libre de infelicidad y ramas afines. Cuando tengamos visitas de dudosa calidad vibratoria limitemos su presencia al área elegida, restringida y debidamente demarcada para no contaminar toda la casa. De igual manera los conflictos domésticos deberán estar claramente delimitados a un área exclusiva, el resto de la casa deberá ser preservado como área libre de contaminación.

Hay dos sitios fundamentales en todo hogar, el dormitorio y la cocina, en ambos se debe observar una rigurosa higiene energética. En la cocina, corremos el riesgo de contaminar todos los alimentos que allá se almacenan, discutir en ese sitio impregna de contaminación invisible, pero real, todo lo nutritivo que allí se encuentra. El dormitorio deberá estar libre de aparatos y tecnología, en especial teléfonos celulares, los cuales deberán ser apagados por la noche y guardados fuera del cuarto, sitio que debe ser cuidado como un altar, porque allá guardamos el vehículo corporal mientras viajamos a otras realidades cuando dormimos. Es necesario además garantizar en el dormitorio la respectiva oscuridad para que el cerebro pueda hacer sus necesarios procesos de limpieza y descanso.

El hogar es la primera escuela, allá los niños y niñas aprenden a descubrir la vida, aprenden a ser felices, aprenden a amar, a confiar en sí mismos, a ser libres; el hogar es la primera escuela iniciática, por ello el clima allí predominante debe ser de armonía y bienestar. Cuando los hijos salen al mundo, cuando bajan a la realidad donde las cosas son como son, es bueno que vayan preparados, que estén alertas, que sean buenos observadores, que se especialicen en darse cuenta rápidamente de lo bueno y negativo. No es necesario el prejuicio ni el temor, pero es imprescindible el alerta sereno, el confiar en sí mismo, portando una actitud crítica que les permita discernir con lucidez.

Hablemos abiertamente con los hijos en el hogar de todos los temas necesarios, que estén informados de cómo va el mundo y las tendencias y riesgos predominantes; démosles tiempo, escuchémosles, deben saber que cuentan con nosotros; hagamos actividades juntos como meditar, analizar algunos temas, escuchar música o una buena película; cuidemos de no interrumpir en sus juegos favoritos y, cuando sea, posible juguemos con ellos. Igualmente importante es realizar algunos viajes juntos. El hogar tiene que ser tan agradable que les dé ganas de volver a casa. Asegúrate también de que más allá del nivel económico que tengan los habitantes del hogar este se encuentre bien ordenado, limpio y decorado a gusto de quienes viven en él.

Es hermosa una casa llena de plantas y flores; asegurando una buena ventilación en la misma se puede convivir con numerosas plantas ornamentales. Sin grandes gastos se puede lograr una excelente decoración, lo importante es que te guste, que les agrade a quienes viven allí, que lo vean además de refugio como un lugar de aprendizaje, un sitio donde se comparten experiencias antiguas, con sueños, planes y relatos varios.

Pregúntales a tus hijos qué quieren, que te cuenten sus sueños y te confiesen sus temores; plantéales retos, cuéntales las veces que dejaste que algún miedo te paralizara y, al final, era una falsa alarma. Que sepan de primera fuente que la vida incluye sorpresas, que es preciso estar preparados para todo y que cuentan contigo o con sus padres, pase lo que pase. La idea de un hogar refugio, un espacio de contención, una zona sagrada, un sitio de amor incondicional, actúa de manera tranquilizadora para los niños y jóvenes; se trata de cultivar ese primer sentido de pertenencia, que se sientan parte de una gran familia, que se sientan acompañados, pero respetados en sus iniciales decisiones, que sepan que cuentan con guías y orientadores con capacidad de comprenderles y orientarles. Un hogar inteligente es una tribu donde todos ayudan a todos, eso da una importante seguridad y confianza a la hora de ir por la vida. También es posible tener metas como familia y diversos emprendimientos familiares, sobre los rieles de la transparencia y principios compartidos.

Los que componen el aula, de alguna manera constituyen una familia paralela y, aunque sea provisional, se establecen fuertes lazos afectivos y una conexión que puede durar toda la vida. Como educadores es importante trabajar estos vínculos, celebrando que somos compañeros de aprendizaje y de vida. Que el hogar sea un refugio y el aula una zona de diálogo transformador, el resto, lo que decida la creatividad.

Es cierto, afuera se desmoronan los valores, el déficit ético revela una lamentable inexistencia de sensibilidad, la intuición, cansada de que nadie responda, ingresó en la clandestinidad. Quiero que hablemos de esto, en la próxima carta.

Fraternalmente,

CHAMALÚ

"RECUPERA TU ENTUSIASMO, RECONSTRUYE TU PASIÓN; VIVIR ES FUGAZ, ES FUEGO MÁGICO, IMPOSTERGABLE"

CARTA 48

Ref. CÓMO RECUPERAR LA INTUICIÓN Y LA SENSIBILIDAD

Estimado Profesor / Estimada Profesora:

Me siento a gusto escribiéndote, desgranando ideas, entrecortando la rutina con palabras de fuego; he viajado afuera y adentro, paulatinamente he comprendido que la vida propuesta se mantiene al nivel del suelo. Allá donde la intrascendencia se siente a gusto, en ese nivel donde se despilfarra la existencia; tengo la vaga sensación que cuando llamo a la vida nadie responde, que el desmoronamiento del sentido fue profundo, que la inocencia está gastada y la honestidad amarillenta, al parecer casi nadie la usa, en su versión que incluye la honestidad con uno mismo.

Descarté las máscaras, preservé la sensibilidad, me reconcilié con la nostalgia, cuánto extraño lo que aún no existe. Muchas veces mis mejillas se humedecieron, mi identidad se mira al espejo, constato que se encuentra intacta, tiembla mi silencio, no niego que me afecta la situación: mil millones de hambrientos, dos mil millones de pobres, ecocidio inmisericorde. Reencuentro la empuñadura de mi serenidad, ella llama a la lucidez que ajusta la visión convocando de inmediato a la inteligencia sutil e intuitiva, retomo el camino, la realidad es cruel, mas no debemos perder el centro; sin poder somos árboles sin raíz. ¿Qué haces cuando no sabes qué hacer? Como educador no puedo permitir que el pesimismo anide en mi campo energético. Respiro profundo, me permito sentir lo que siento y, a continuación, poniendo de pie mi entusiasmo, enciendo mi voluntad y me pongo al servicio de la vida.

La sensibilidad a la que me refiero en esta carta tiene que ver con la glándula pineal, con el llamado sexto sentido que es parte natural de nuestras capacidades. En algún momento fue denominado capacidad extrasensorial, pero en verdad es natural, simplemente en el proceso de amputación y destrucción humana, al igual que otras potencialidades, fue descartada y prohibida. Disponemos de numerosos sentidos agrupados en lo que nosotros llamamos Inteligencia Sutil, ellas son las herramientas para abordar el carácter multidimensional de nuestra naturaleza y el Universo que habitamos. Lamentablemente la educación convencional descarta desde la infancia estas capacidades, las cuales terminan atrofiándose o, por lo menos, quedándose en su fase embrionaria.

La sensibilidad de la que te hablo es por una parte la capacidad de captar información de otras maneras. Antes mencionamos la posibilidad de abordar las otras realidades luego de admitir que poseemos más capacidades y cuerpos que los oficialmente reconocidos, ahora me refiero a esa otra capacidad denominada intuición a partir de la cual podemos acceder a conocimientos que tenemos que no recordamos conscientemente. La intuición nos conecta con nosotros mismos, es como el pasaporte a la zona de misterio que todos poseemos en la cual se acumulan experiencias y conocimientos previos. La intuición brota en un contexto de crecimiento interior.

En ambos casos se trata de reactivar un asesor invisible que nos ofrece información por vías no habituales, se trata, dicho de otra manera, de recuperar la inicial concepción holística del humano, a partir de la cual se admite que somos sensibles y poseemos las capacidades, las antenas, para comunicarnos con el entorno visible e invisible y llegar al punto de manejar voluntaria y conscientemente nuestra energía, poniéndola al servicio de lo que elijamos. Esto equivale a aprender a conectarse a un wifi cósmico usando nuestro propio cuerpo como antena.

La educación precisa contemplar esta resensibilización que incluya eso que algunos autores mencionan como pensar sintiendo y sentir pensando, es decir, la reconexión de la razón con la intuición, del sentir con el pensar, constituyéndonos en un ser sentipensante equilibrado, sabiendo que recuperar la sensibilidad es la base de la rehumanización del hombre.

Reaprendamos a actuar con el corazón y la cabeza, la lucidez sensible que se traduce en felicidad tiene que ver con esta sincronización. ¿Por qué continuar intentando subir a la montaña de la vida usando un pie? ¿Por qué empecinarnos en vivir utilizando un hemisferio cuando poseemos dos opuestos y complementarios? ¿Por qué sobre-estimular solo el hemisferio izquierdo, distorsionando el normal proceso de crecimiento y desarrollo de las nuevas generaciones? ¿No será que atender de manera irresponsable únicamente parte de nuestras potencialidades nos conduce a fabricar seres desequilibrados, fragmentados y propensos a las adicciones e infelicidad, al interior de un desconocimiento de sí mismos y de la vida?

En lo concreto se trata de dejar de destruir la sensibilidad de los niños y niñas, permitir que su imaginación vuele preservando sus alas, ayudarles a direccionar esta capacidad y evitar la prematura hiper-racionalización que luego se traducirá en una incapacidad de dejar de pensar. No se trata de volverlos sentimentales, es necesario aprender a ponerse en el lugar del otro y, simultáneamente, a estar atentos a lo que cada uno siente y presiente, atentos a las corazonadas, a las señales corporales, que aprendan a ver como natural y válidos esas primeras impresiones, que aprendan a reaccionar sin dejar de observarse.

La tecnología exterior anula la tecnología interior, las drogas distorsionan estas capacidades convirtiéndolas en desequilibrios; tenemos dos cerebros o tres, dependiendo desde dónde los contemplemos, disponemos de una veintena de inteligencias, una para conectarnos con el exterior sutil, además de la Inteligencia Intuitiva; poseemos muchos más sentidos, no solo cinco y una gran sensibilidad que es preciso aclimatar a la coyuntura existencial que habitamos, saberla direccionar, para ponerla al servicio de nuestro crecimiento consciencial y calidad de vida. De esta manera, estaremos en presencia de niños que preservan el diálogo con sus amigos invisibles, de jóvenes con gran capacidad de sentir lo que le está pasando al otro, al interior de una apertura mental y una sensibilidad que les inducirá de manera espontánea a sentir lo que está ocurriendo con la naturaleza, lo que le pasa a su cuerpo y lo que el otro necesita.

Si a todo esto añadimos la práctica meditativa y el contacto con la naturaleza, el silencio como hábito y momentos de soledad, habremos creado las condiciones necesarias para la germinación de estas capacidades y la posibilidad de traducirlas en calidad de vida y aporte a la gestación de un mundo nuevo.

Antes de terminar quiero preguntarte, ¿tú, como educador, practicas alguna modalidad de insensibilidad? Está claro que despilfarrar la energía, vivir sin centro y admitir la infelicidad como normal puede convertir nuestra vida en cenizas prematuras. Quiero en la próxima cita abordar otra mentira aceptada: que los padres y madres debemos trabajar para dejar una herencia material a los hijos. Esa falacia, con tu ayuda, quiero desmantelarla. Estoy preocupado, el trabajo está golpeando a la vida y aún la mayoría cree que vinimos a eso.

Un abrazo,

CHAMALÚ

"Recuerda que el compartir es una manera superior de vivir"

CARTA 49

Ref. EL OTRO TESTAMENTO

Estimado Profesor / Estimada Profesora:

Sabes que nos aproximamos sin prisa ni pausa a la conclusión de este vínculo epistolar que nos reunió tantas veces? Presiento germinar mi nostalgia, observo en el cercano horizonte una despedida hambrienta de nuevos reencuentros, aún nos quedan unas pocas misivas, me resisto a desatar al olvido y dejar que este diálogo se gradúe de recuerdo. ¿Qué te pareció recibir esta maratón de cartas en las cuales desgrané mis más recónditas reflexiones? Quise que por un momento que te sentaras al lado del manantial de experiencias, donde mi generosidad se convierta en volcán didáctico, invitándote a navegar juntos por un rato.

Desde mi ya lejana primavera me declaré hostil al sistema que deshumaniza, al despiadado mercado donde con impunidad el grande se come al pequeño, al interior de un enmarañado contexto donde todo se compra, todo se vende, en rituales de consumo que entronizan al lucro como divinidad. Vivir para trabajar nunca fue lo mío, desde ese día en mi temprana juventud, en el que casi recibo una mordedura del sistema. Llueve en la selva, me resguardo de la estupidez, advierto la amenaza de volverme como todos, la ineptitud existencial es inducida, quiero abolir la educación que no educa, purgar de falsedad las escuelas, rediseñar las familias, caminar descalzo, libre de miedos, no es necesario llenar la casa de cosas y, al partir, dejar en el testamento problemas para los herederos que en disimulada reciprocidad se esforzarán por sentir tristeza ese día en el que nos convertimos en recuerdo.

La mejor herencia que podemos dejar a los hijos es un buen ejemplo, que nos recuerden felices; si dejamos en su memoria huellas inspiradoras habremos dejado para ellos un tesoro de valor incalculable, el resto, lo material, puede existir o no, es secundario, a veces, dejarles muchas cosas es el principio del fin, muchos herederos -nos muestra la historia- se dedican a malgastar lo recibido y, al poco tiempo, están en la misma situación o peor de lo que se encontraban antes de recibir la herencia.

Detengámonos por un momento en lo material, este es un tema que tocará hablar con los jóvenes de manera grupal y personalizada; "la gente tiene la mala costumbre de morirse", decía el inolvidable Borges, una herencia mal manejada puede ser una fuente de conflictos. A ti, como docente y padre de familia te digo, es necesario tener el panorama claro al respecto, asesórate oportunamente, evita conflictos a tus seres queridos, ten un listado completo de lo que posees y si nada relevante hay en tu patrimonio, no es ningún problema, no tenemos la obligación de dejar cosas materiales a nuestros hijos, ellos tienen que hacer su propio camino, dejarles muchas cosas podría convertirse en fomentar el facilismo, actitud de lamentables consecuencias.

Si tu patrimonio está debidamente inventariado, si está claro lo que tienes y donde está guardado, infórmate según el país donde vives sobre los impuestos que genera una herencia. Si quieres asegurar el futuro de tus hijos o seres queridos elegidos, es importante que todo esté claramente especificado, respaldado por un buen documento y, si son menores los herederos, dejar un administrador de bienes y un par de testigos es muy buena idea. Elaborar un testamento no resulta agradable, no obstante, este documento evita multitud de problemas. Es mejor prepararlo con anticipación y guardarlo en el sitio más adecuado.

Sin embargo, quiero referirme a otro testamento, quiero imaginar a mis hijos escuchándome, entonces a ellos les diría: "Gracias por los momentos compartidos, por los hermosos recuerdos fabricados juntos, por el tiempo que caminamos juntos, quiero decirles que solo aspiro a que me recuerden como un hombre diferente que un día se declaró feliz y, a pesar de las diversas circunstancias que le toco vivir, mantuvo una rigurosa fidelidad a la felicidad que se convirtió en su estilo de vida. Recuérdenme como un ser lleno de ternura, que pasó por la vida repartiendo semillas de amor; recuérdenme como una persona libre, que jugó con sus propias reglas y se dio el gusto de tener cada año menos necesidades; recuérdenme transportando paz, cuidando mi salud, embarcándome en constantes nuevos emprendimientos; recuérdenme como un soñador empedernido, siempre optimista, disponible a la vida, recuérdenme rebelde hasta las últimas consecuencias".

Quiero decirles que mi herencia fundamental, la más importante, quizá la única que les dejé, quiero que sea ese ejemplo. Ustedes saben que un día descubrí la vida, entonces, me quedé enamorado de ella y viví para vivir, para aprender y disfrutar, para ayudar y crecer; ese fervor de vida quiero contagiarles a ustedes, esa sed de trascendencia quiero que sea mi principal herencia, porque el resto de las cosas materiales pueden perderse, robarse o llevárselos la inundación.

Ese otro testamento es inmaterial, es básicamente todo lo que podemos dejarles de manera intangible y esto se aplica a los hijos, pero también a los estudiantes, de alguna manera ellos son los herederos de nuestro conocimiento, de todas esas experiencias convertidas en relatos inspiradores. Ese otro testamento es la huella inspiradora, la palabra motivadora, el ejemplo motivador, el relato que orienta, la actitud coherente que contagia entusiasmo; otro testamento se escribe todos los días con nuestro estilo de vida proyectado en el hogar y en el aula, donde tenemos numerosos testigos que trajeron para este encuentro el surco disponible en su corazón.

Ese otro testamento no requiere notario, porque se escribe en el alma con la presencia plena y la vibración precisa. Un día, cuando tu presencia se vista de ausencia, cuando ya nadie te vea caminando por las calles y seas solo un recuerdo, lo que tu sembraste en la conciencia de las nuevas generaciones permanecerá vivo y germinando nuevas inspiraciones. Ese otro testamento es la huella que te sobrevivirá y se traducirá en buen recuerdo y agradecimiento. Asegúrate que tus estudiantes te recuerden agradecidos y ese recuerdo mantenga viva tu enseñanza.

Y mientras aludimos a un desteñido pasado, arribó el futuro hirviente e impulsivo, dejando al asombro perplejo y a todo lo que toca obsoleto. Hablemos de esto en la próxima carta.

Un abrazo,

CHAMALÚ

"La coherencia te da poder. La libertad posibilidad de autenticidad. La vida oportunidad de evolución. Tu consciencia ser tú mismo"

CARTA 50

Ref. ¿ESTAMOS PREPARADOS PARA EL FUTURO QUE YA LLEGÓ?

Estimado Profesor / Estimada Profesora:

Estoy convencido que esta incertidumbre no era necesaria, que los rumores tecnológicos requieren un código ético, que no podemos dejar a los niños y niñas que aún no nacieron expuestos a la irresponsabilidad del abominable hombre de este tiempo. ¿Qué pasó? ¿Cómo llegamos a este punto? ¿Cuándo perdimos el alma y extraviamos la mirada?

Los docentes encarnamos la generación de la esperanza, no podemos desangrarnos enfrente de nuestros estudiantes, más aún ahora que el futuro ha llegado, sorpresivo, tergiversado, hiriéndonos con sus novedades. Si todavía amamos la vida, debemos convertirnos en sus guardianes, si aún nos apasiona enseñar comencemos dando buen ejemplo; ahora todo está a la intemperie, fíjate, el presente está siendo apaleado por el futuro recién estrenado. Estamos construyendo la nueva humanidad, no importan los vientos sombríos ni los paradigmas con armaduras, importa que dejemos de ser prisioneros de lo convencional, que curemos las heridas y nos desintoxiquemos de falacias, urgente prepararse para aprender a vivir con plenitud; la ley natural nos habla de evolución, la consciencia es la sucursal que a manera de franquicia abrió el Universo en nosotros; enfoquémonos en fabricar la nueva humanidad, perdimos tiempo, pero no la esperanza, aún somos una minoría, pero estamos repletos de optimismo, la ternura posee la extraña capacidad de devorar la violencia, es la manera de vengarse del corazón.

Se detienen por un momento mis reflexiones, habitamos un contexto de intenso desarrollo tecnológico, ¿estaremos preparando a nuestros estudiantes para este mundo tecnologizado? No me refiero a enfatizar en la formación técnica. Imagina lo siguiente: un estudiante decide estudiar en la universidad luego de considerar los contenidos educativos que le ofertan, imagina que ese programa fue recientemente elaborado, que esos estudios duran cinco años, en ese tiempo el mundo habrá cambiado tanto que el conocimiento actualizado que proponía esa universidad ya estará obsoleto cuando el estudiante concluya sus estudios.

Ese nivel de obsolescencia debe ser contemplado en los centros educativos; no se trata de enfatizar en una formación exclusivamente técnica, al contrario, corremos el riesgo de estar fabricando zombies, precisamos comenzar a repensar lo que estamos haciendo, el sentido, la profundidad y el alcance de nuestra práctica docente. Repensemos el mundo que estamos comenzando a vivir.

Estamos conscientes que pronto estaremos conviviendo con infinidad de robots cuyo comportamiento nadie podrá predecir con exactitud, porque estamos presenciando los albores de la inteligencia artificial aplicada a la vida diaria, incorporada a los procesos laborales y domésticos con tanta rapidez que quizá no tengamos tiempo de adaptarnos a ese nuevo mundo. Se acerca un tiempo dominado por la inteligencia artificial, nos guste o no esa es la realidad que nos espera. ¿Estaremos preparando a nuestros estudiantes para interactuar con las máquinas? ¿Sabrán ellos que pronto en los distintos espacios sociales serán atendidos casi con exclusividad por procesos mecanizados y automatizados, robotizados y programados? ¿Las nuevas generaciones que hoy se sienten tan cómodas con la tecnología, estarán conscientes de la soledad que sentirán cuando se encuentren rodeados exclusivamente de máquinas, eficaces, eficientes, pero carentes de sentimientos?

¿Qué te hace pensar la hiperinflación del conocimiento que caduca mientras lo aprendes? Quizá los centros educativos tendrían que implementar procesos de actualización docentes todos los años, inaugurando programas que se renueven anualmente, acompañados de actitudes docentes que estén proclives al cambio, que disfruten de la permanente renovación. ¿Estamos conscientes que esta hipertecnologización del mundo suprimirá muchos empleos generando un escenario de desempleo paradójico caracterizado por máquinas ocupando nuestras iniciales fuentes de trabajo? ¿Estamos preparándonos técnica y psicológicamente para este nuevo mundo que será realmente nuevo? ¿Estamos dialogando y mentalizando a nuestros jóvenes para que puedan adaptarse sin despersonalizarse ni traumatizarse a un mundo que en muchos casos no tendrá sitio para ellos? ¿Habrá que retomar ideas como el auto-empleo, el trabajar desde casa, el desarrollar nuevas aptitudes y otros perfiles emprendedores en escenarios donde la competencia podría ser un robot programado para reemplazarnos?

Descartemos el pesimismo, solo se trata de prepararnos oportunamente para un futuro que ya llegó. Enfaticemos mucho más en la creatividad de las nuevas generaciones, valoremos más lo humano, lo que no podrán hacer las máquinas; revaloricemos también la naturaleza y la importancia de trabajar más nuestra tecnología interior. Todo esto hasta hace poco parecía tema de películas de ciencia ficción y se insinuaba como un futuro lejano. Quiero darte un dato actualizado: el futuro ha llegado, los docentes con urgencia deberán alfabetizarse digitalmente para participar sin desventaja del mundo virtual que vino para quedarse, además de preparar a los estudiantes para habitar, sin deshumanizarse, el nuevo escenario que fabricamos y reflexionar las consecuencias que incluirá vivir rodeados de máquinas más inteligentes que nosotros.

No permitamos, sin embargo, que las novedades tecnológicas nos estremezcan, la tempestad virtual ha llegado, la tecnología se procrea con fulminante velocidad; nuestra tribu pertenece a otro mundo, somos testigos de las estrellas, peregrinos de otras galaxias, acampemos nuevamente en la Vía Láctea y, desde ella, propondremos una nueva educación.

Conservamos las semillas, dialogamos anoche con la primavera, ella apoya esta labor de reforestar corazones con una nueva educación. Ese será el tema, de nuestra penúltima cita.

Hasta pronto,

CHAMALÚ

"No dejes TU vida para después"

CARTA 51

Ref. LA NUEVA EDUCACIÓN

Estimado Profesor / Estimada Profesora:

Desde la nostalgia antelada te escribo esta penúltima carta, quise sentirla por anticipado, dejarla atravesar mis cuerpos, tengo en este momento matorrales de sentimientos encontrados; me gustó dialogar contigo, estallar el silencio, desgranar palabras, sentirte dispuesto a todo, pintar el gris de las malas noticias con el color arcoíris. Un día escribí: "Besaré a la vida en la boca", de eso se trata, de enamorarse de nuevo de la vida plena y contagiar este fervor vivencial. Urgente aventarse a la vida armados de renovadas herramientas, precisamos demoler el pesimismo, reencontrar el entusiasmo y, a continuación, llevarlo al aula y convertirlo en metodología predilecta.

Te propongo guardar casi todo lo que aprendiste antes, el mundo en el que te formaste ya no existe y no podemos ser prisioneros de lo obsoleto; desvistámonos de lo que ya no sirve, deshabitemos el pasado, precisamos ahora una nueva educación que prepare a nuestros estudiantes para un fascinante futuro, cualitativamente distinto al que profetizan los mensajeros de lo convencional. Somos educadores, es probable que pronto nos reemplacen por máquinas, pero mientras nuestra voz esculpa el silencio perforemos la ignorancia hasta que naufrague; la fuerza del conocimiento es arrolladora, podemos desatar creatividades que se traducirán en emprendimientos indetenibles, podemos asediar a la frivolidad y dejar erguida la autoestima de nuestros niños, niñas y jóvenes, podemos acompañarles en el camino de la vida hasta que sus huellas se tornen resplandecientes, podemos hacer circular por sus venas el ímpetu vivencial de quienes descubrimos la vida y sus sensacionales novedades.

Comencemos por el principio: la principal razón de la educación no es económica, social, política ni cultural, es existencial. Entonces, me pregunto y te pregunto ¿precisamos mejorar los niveles académicos o existenciales? Sabemos que la educación debe ser entendida como un sistema orgánico, es decir, como un conjunto de procesos interconectados que requieren generar otro resultado, cualitativamente superior.

Proponemos una nueva educación, eso es Pedagogía Wayra, una escuela que le permita a los estudiantes a crearse a sí mismos, una escuela con muchas materias optativas que le den la oportunidad al joven de comenzar a entrenarse en el arte de elegir. La nueva educación incluye sabiduría ancestral, creatividad y un lúcido manejo de la tecnología digital, puesta al servicio del crecimiento personal integral. La nueva educación enseña a los jóvenes a hacer un riguroso trabajo interior, esto es, conocerse, aceptarse, transformarse, amarse y todo lo que sea necesario para lograr su realización total. Educar desde Pedagogía Wayra incluye fortalecer la identidad, valorar su cultura originaria y, desde esa matriz cultural, interactuar sin complejos ni soberbia.

Tenemos que hacer que la escuela sea un reto agradable, con docentes que enseñen desde el corazón, que les hagan reflexionar y logren que sus estudiantes deseen profundamente no decepcionarles, no defraudar la confianza que depositaron en ellos; sabemos que el docente está solo para facilitar los procesos de aprendizaje, evitando que los estudiantes compitan entre sí. Todos los niños, niñas y jóvenes son inteligentes, poseen variadas capacidades innatas, únicamente es preciso saber hacerlas germinar y crecer en un contexto de atención personalizada que descarte las evaluaciones convencionales que predisponen a la decepción, la depresión y hasta el suicidio de algunos estudiantes. Un buen docente puede evaluar sin calificar, porque es posible hacer esto de otras maneras, sin dejar de preguntarnos qué queremos evaluar y descartando de antemano el error de hacerles competir.

Sabemos que lo cualitativo no puede evaluarse con métodos cuantitativos; ¿te preguntaste realmente qué se nos pide evaluar? ¿Es ético evaluar? ¿Se puede evaluar la consciencia que en el fondo somos? Toda evaluación para ser significativa debería tomar en cuenta la calidad humana, la destreza en el manejo interpersonal, la actitud solidaria, el control emocional, la capacidad de autoevaluarse, de tomar buenas decisiones y, finalmente, la impresión del docente.

Más importante que las materias es lo que siente el estudiante, lo que sueña, lo que le está pasando en su vida y la manera como está manejando ese proceso. Enseñemos con creatividad y amor, fomentemos las acciones solidarias, enfoquémonos menos en la lección y más en la reflexión, enfaticemos más en lo emocional, en lo social y lo ecológico, que el joven elija las materias que le interesa profundizar. Enseñemos ecología, salud, cultura financiera, inteligencia emocional y existencial, preparémosles para manejarse con impecabilidad en la vida.

Fundamental que los jóvenes de este tiempo desplieguen su creatividad, para ello necesitamos flexibilizar los planes de estudios y añadir tutorías personalizadas sin olvidar que cada uno es un mundo que requiere atender sus propias necesidades existenciales. ¿Qué tipo de educación necesitamos? Precisamos una educación basada en la vida y sus desafíos, conscientes que el conocimiento da poder y lucidez. En Pedagogía Wayra comenzamos comprendiendo lo que realmente quieren los estudiantes.

Mantengamos un buen nivel de credibilidad como docentes, enseñemos con amor, con pasión y desapego, compartiendo insumos con los que ellos aprenderán a elaborar las herramientas necesarias para construir la vida que eligen; la nueva educación que proponemos comienza creando escuelas libres, libertad de contenido, libertad de contratar a quien tenga la mejor capacidad y experiencia de transmitir e inspirar a los estudiantes, libertad de organizarnos, de evaluarlos de formas no competitivas descartando la memorización, libertad de flexibilizar las normas y enfatizar en los principios, libertad de adecuarse y renovar sus contenidos y procedimientos en función de la dinámica social y tecnológica. La nueva escuela comenzará de inmediato y en cuanto existan docentes conscientes de lo que se necesita. No hay nada que esperar, Pedagogía Wayra es por ahora una escuela invisible que retoña en cada grieta y reforesta corazones sin pedir permiso.

Me niego a que los niños y niñas carezcan de un hogar planetario donde cultivar su inocencia, les pido perdón a los que aún no nacieron, perdón por las polucionantes novedades tecnológicas, por la ignorancia y la prepotencia, por la insensibilidad y la ausencia de raíz. No sé si volverán los ríos transparentes y los bosques de pájaros alegres, pero estoy decidido a juntar más educadores y juntos, pensando en la felicidad de nuestros niños, fundar de nuevo la esperanza. De los niños y niñas felices quiero hablarte antes de marcharme.

Un abrazo,

CHAMALÚ

"¿Quieres vivir bien? El requisito es no tener miedo."

CARTA 52

Ref. CÓMO EDUCAR NIÑOS Y NIÑAS FELICES

Estimado Profesor / Estimada Profesora:

El fuego que encendí para acampar juntos durante estos 52 encuentros está a punto de convertirse en recuerdo. Mis ojos contemplan esta última carta, en este momento me encuentro en un rincón de mí mismo, le di permiso a la nostalgia para hoy acompañarme, en realidad fui yo quien se sentó a su lado; la fugacidad es fuego que consume lo que toca y nos deja a continuación las cenizas que lo que fue; qué importante es vivir plenamente el presente y contagiar ese fervor a los niños y niñas, de manera que entren a la vida, dejando atrás lo innecesario, desechando oportunamente el peso que les impide levantar vuelo.

Quise con estas cartas palpitar al unísono por un rato, derribar distancias, derrocar la rutina, invitarte a salir de tu zona de confort si aún la frecuentas y transformarnos para preparar a las nuevas generaciones. Pedagogía Rebelde es la presentación a la Pedagogía Wayra, donde desgranaremos las semillas de una nueva educación. Quiero adelantarte a manera de degustación en esta última carta un anticipo de ella.

Pedagogía Rebelde es la apuesta por los nuevos educadores, los que se atreven a encender relámpagos y enfrentar manipulaciones, los que despiertan sus alas y dictaminan bienestar para sus vidas, los que desmantelan lo convencional y doblan la rutina hasta romperla, los que encienden la esperanza y dejan retorciéndose a lo convencional. Pedagogía Rebelde es ponerse el traje de disidente, cultivar en el jardín del corazón el pensamiento crítico y contagiar en el aula los latidos del crecimiento, es dejar el protagonismo a los niños y niñas, respetar su paraíso, adherirnos a su inocencia convirtiendo a la pureza en componente fundamental de nuestro estilo de vida. Como educadores que somos tenemos el deber de rodearnos de transparencia y desparramar por donde vayamos átomos de felicidad. Los niños y niñas, desde su inocencia, sabrán reconocernos.

Jugar es la mejor manera de aprender en la infancia, a menudo el adulto en la escuela le niega el juego al niño olvidando que es su forma natural de aprender. El juego tiene un excelente complemento en los cuentos, te hemos hablado en otra carta de esto. Divertirse con ellos crea el ambiente propicio para aprendizajes significativos; la curiosidad se convierte en juego, el juego en meditación natural, los niños aprenden explorando, disfrutando, sintiendo de manera activa y creativa, están espontáneamente capacitados para aprender por sí solos, simplemente tenemos que crear las condiciones necesarias y dotarles de los conocimientos básicos. Jugando maduran y no podemos ser ignorantes ante esto.

Es importante recordar que los niños y niñas crecen influidos por los adultos cercanos, si esta influencia no es positiva las consecuencias serán lamentables en el futuro; también es bueno tomar en cuenta que no aprenden de quien les cae mal y terminan incluso rechazando esa asignatura. Sean tus hijos o tus estudiantes, date tiempo para estar con ellos, permíteles que cada uno sea, déjales atravesar distintas emociones, cuida mucho para no contaminarles con tus miedos, deseos o creencias, respeta su paraíso, esa inocencia que actúa como protección inicial. Date tiempo para jugar con ellos, un déficit a este nivel, dificulta su maduración (cuando aludimos a este tema nos referimos al juego espontáneo).

Permite que vivan sus propias experiencias, que tomen desde pequeños sus responsabilidades, en especial que sean responsables de sus actos y los efectos colaterales que implica. Acompáñalos sin interferir, usa el NO como quien usa la sal, ni exceso ni carencia, eligiendo siempre la emoción adecuada; motívales a ser valientes y emprendedores, que se den desde pequeños un baño de realidad; fomenta el acto de ser solidarios y el enseñarse unos a otros, recuerda que en la infancia se necesita más libertad que en la adultez, que con la educación podemos crear monstruos o genios y que es fundamental educarlos en principios.

Aprende a leer sus emociones, diles con tu actitud que cuentan contigo, permíteles experimentar y no dejes de dar siempre buen ejemplo. Cuida mucho para evitar cometer el error de compararles entre sí, tampoco hables mal de otros, permanece alerta para evitar hacer juego a sus caprichos, darles amor no equivale a mimarles, eso podría prolongar su inmadurez y dependencia. Cuando sea posible, viaja con ellos, enséñales a observar, a disfrutar, a fluir descomplicadamente, muéstrales que en la vida pasa de todo, tenemos que estar siempre listos, siempre preparados para las sorpresas, ayúdales a usar sus inteligencias, a conocerse, a amar la naturaleza y la vida.

En esta etapa se aprende más de lo observado que de los consejos; recuerda la importancia de la coherencia a la hora de estar con ellos, especialízate en el arte de acompañarles sin interferir en sus procesos, recuerda que aún pertenecen al mundo de la magia, allá todo es posible, desde la imaginación intacta que poseen. Acompañar y educar niños y niñas quizá sea el más bello compromiso, educarles es jugar con ellos y, desde el juego y el cuento, prepararles para una vida que es cambio constante. Ellos deben saber que la vida es el juego mayor, que solo estamos jugando y que en el juego de la vida se gana, se pierde, se aprende y siempre se disfruta. Que aprendan de nosotros que el tesoro más grande que tenemos para cuidar es nuestra libertad, que amar es la mejor manera de vivir, que para ser felices no se necesita nada, estar vivos es suficiente, que los problemas son parte natural de la vida, que con ellos nos hacemos fuertes y aprendemos lo que nos falta.

¡Si solo estamos jugando!, le reclamaba un niño a su padre al verlo enfadado. Recuerda como docente o padre de familia, que sin proponértelo eres el modelo de las nuevas generaciones, si ellos te ven feliz pase lo que pase, si te ven disfrutando y dando amor, aprenderán todo eso iniciándose naturalmente a la vida plena y sus maravillosas oportunidades.

Llegó el momento de pasar a la práctica, de aclimatar la Pedagogía Rebelde al aula, en principio trabajando con el docente; no quiero ser dramático, pero es verdad, el futuro anhelado, humano y ecológico está a punto de ser abortado, mientras esta civilización se está muriendo, el diagnóstico es estupidez aguda, la operación salvadora es la transformación. ¿Y si nos descivilizamos un poco? ¿Si nos volvemos más silvestres y espontáneos, más humanos y creativos? ¿Si dejamos en libertad a nuestra libertad y nos apuntamos al movimiento libertario de la Pedagogía Rebelde, nos comprometemos con la vida y sumamos voluntades con experiencias, levantamos en hombros al optimismo y dejamos que el entusiasmo se apasione de nuevo y constituimos desde ahora el más grande movimiento de educadores rebeldes?

Escribo esta última carta desde la cabecera de selva en Bolivia, contemplo al escribir un interminable desfile de camiones, llevando cadáveres de árboles decapitados, esto no puede seguir así -pienso-. Instantes después pasa a mi lado un niño…, regresa de la escuela con las alas cortadas.

Un abrazo,

CHAMALÚ

"La profesión es una parte de la misión, no UN sustituto"

P.D: Nuestro Movimiento está en movimiento. Ahí te espero. Por favor, no olvides traer las alas de tu libertad.

info@chamalu.com

JANAPACHA, UNA ESCUELA COMUNITARIA PARA APRENDER A VIVIR

Se trata de un mandala arquitectónico etno-ecológico compuesta por ocho casas circulares, una zona sagrada, huertos orgánicos, biblioteca,amplios jardines, esculturas petreas aludiendo a la diversidad cultural del continente, reserva forestal de especies nativas y un contexto socio educativo libertario. Desde 1990 ha sido el contexto del despertar cosnscien cial de miles de aprendices de diversas edades y procedencias.

Estamos entre la selva y los andes montaña y las aguas termales de

Escribenos al email: info@chamalu.com

www.janajpacha.com

Escuelas hay muchas, comunidades hay varias, NOSOTROS SOMOS la suma de ambas experiencias, una historia única y diferente inspirada en la Sabi-duría Ancestral y la filosofía de CHAMALÚ. Aquí la Pedagogía Wayra, se convierte en estilo de vida. Es posible visitar nuestra escuela, venir como aprendiz, como voluntario o participar de nuestros inolvidables programas:

- INTI RAYMI (FIESTA DEL SOL INKA)

- CHAMANISMO EXTREMO

- RENACIMIENTO FEMENINO

- FIESTA DE LA VIDA

- REINGENIERÍA PEDAGÓGICA

- ORIENTACIÓN EXISTENCIAL PARA JÓVENES

www.janajpacha.com

email: info@chamalu.com

Para conocer nuestro instructorado para Lideres Femeninas ingresa a:

www.musamazona.com

www.chamalu.com